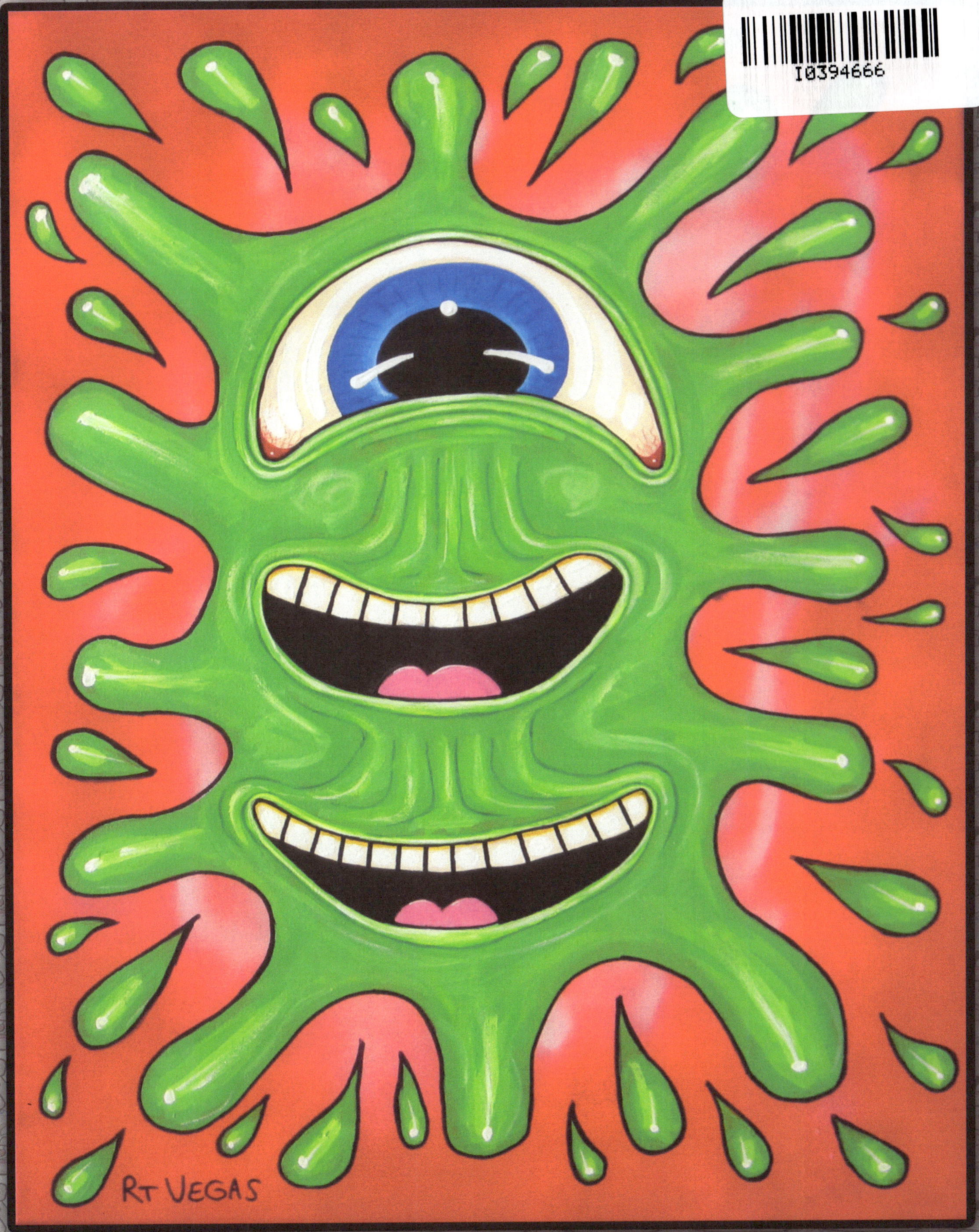
RT VEGAS

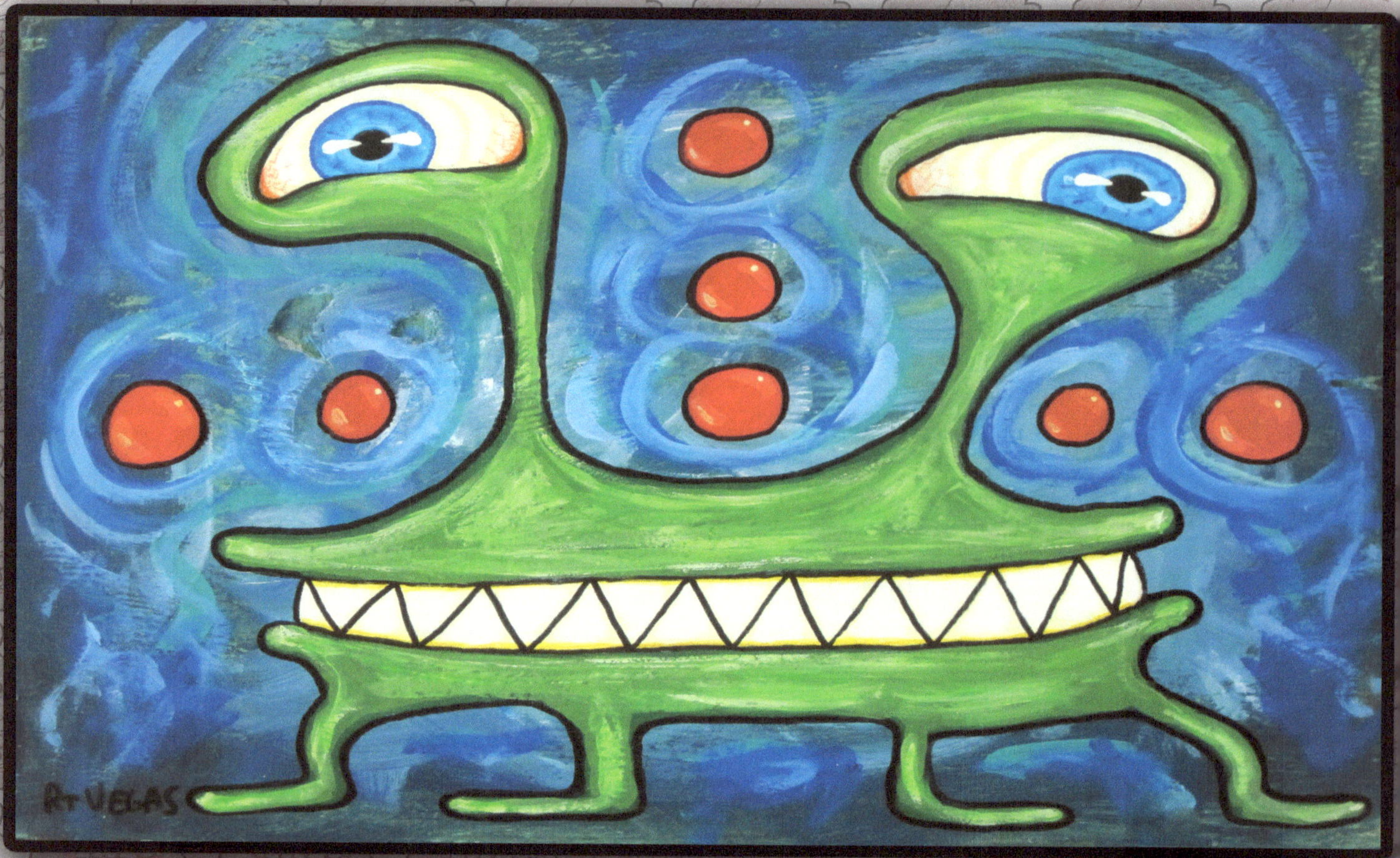
RT VEGAS

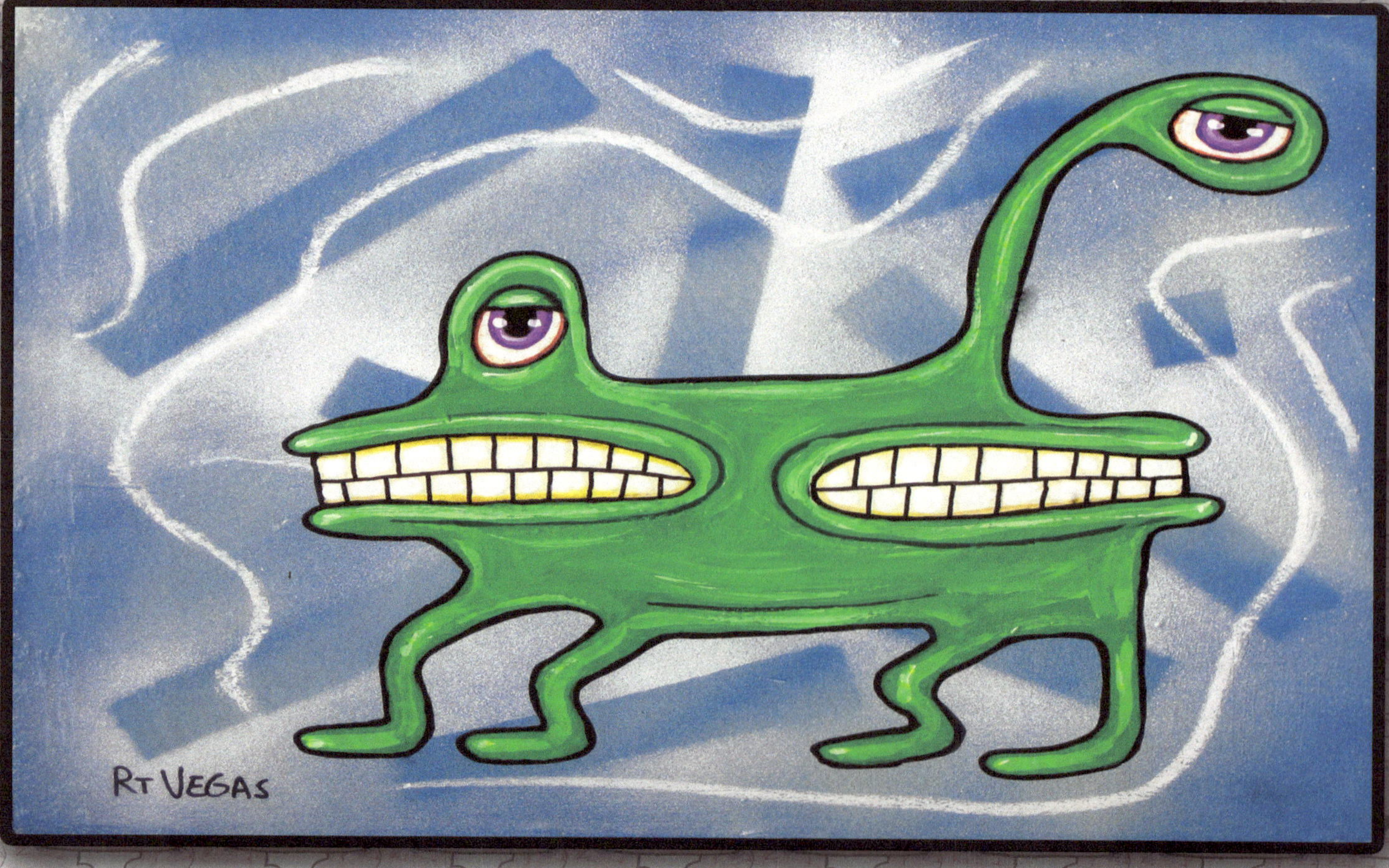
RT VEGAS

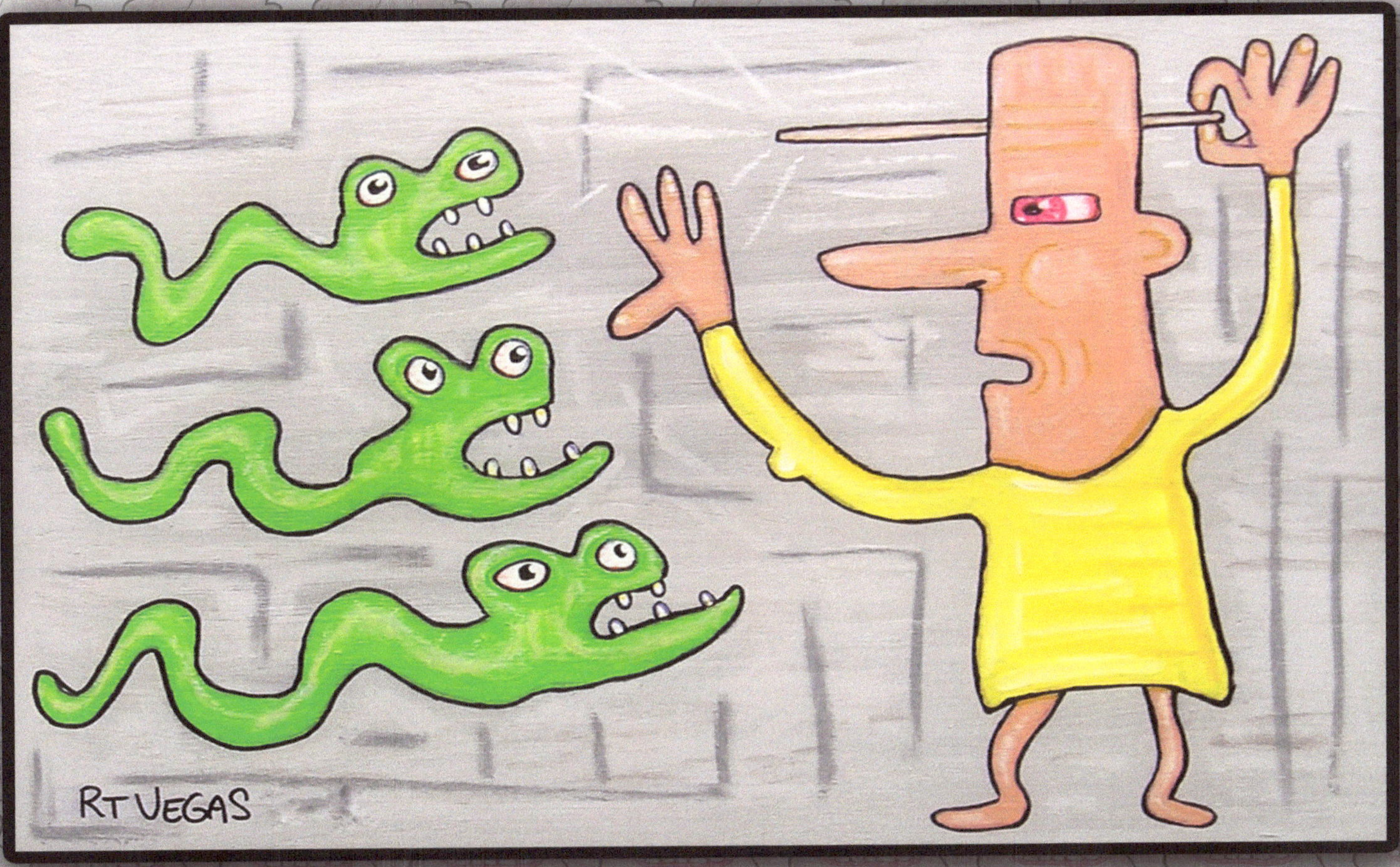
RT VEGAS

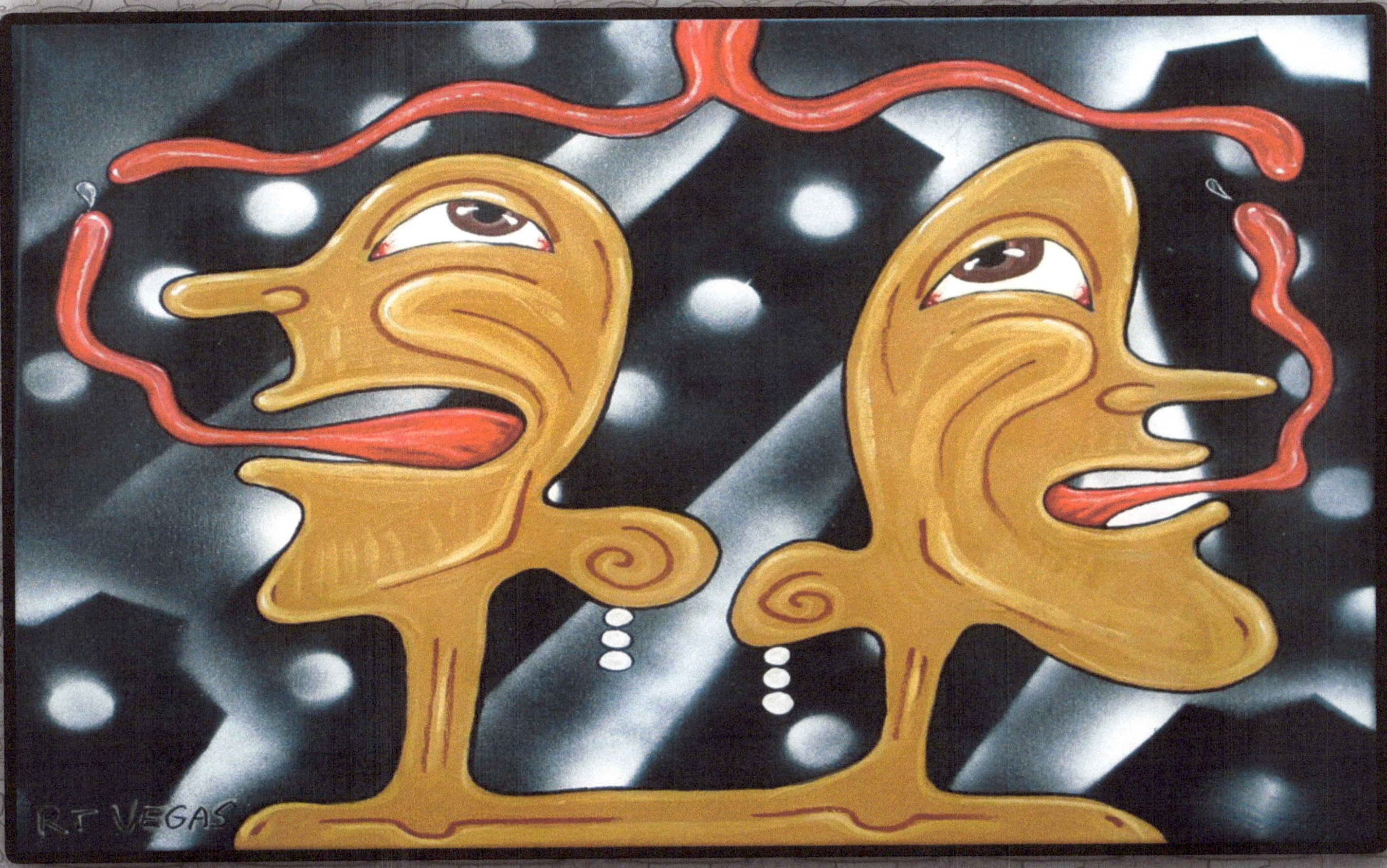
R.T VEGAS

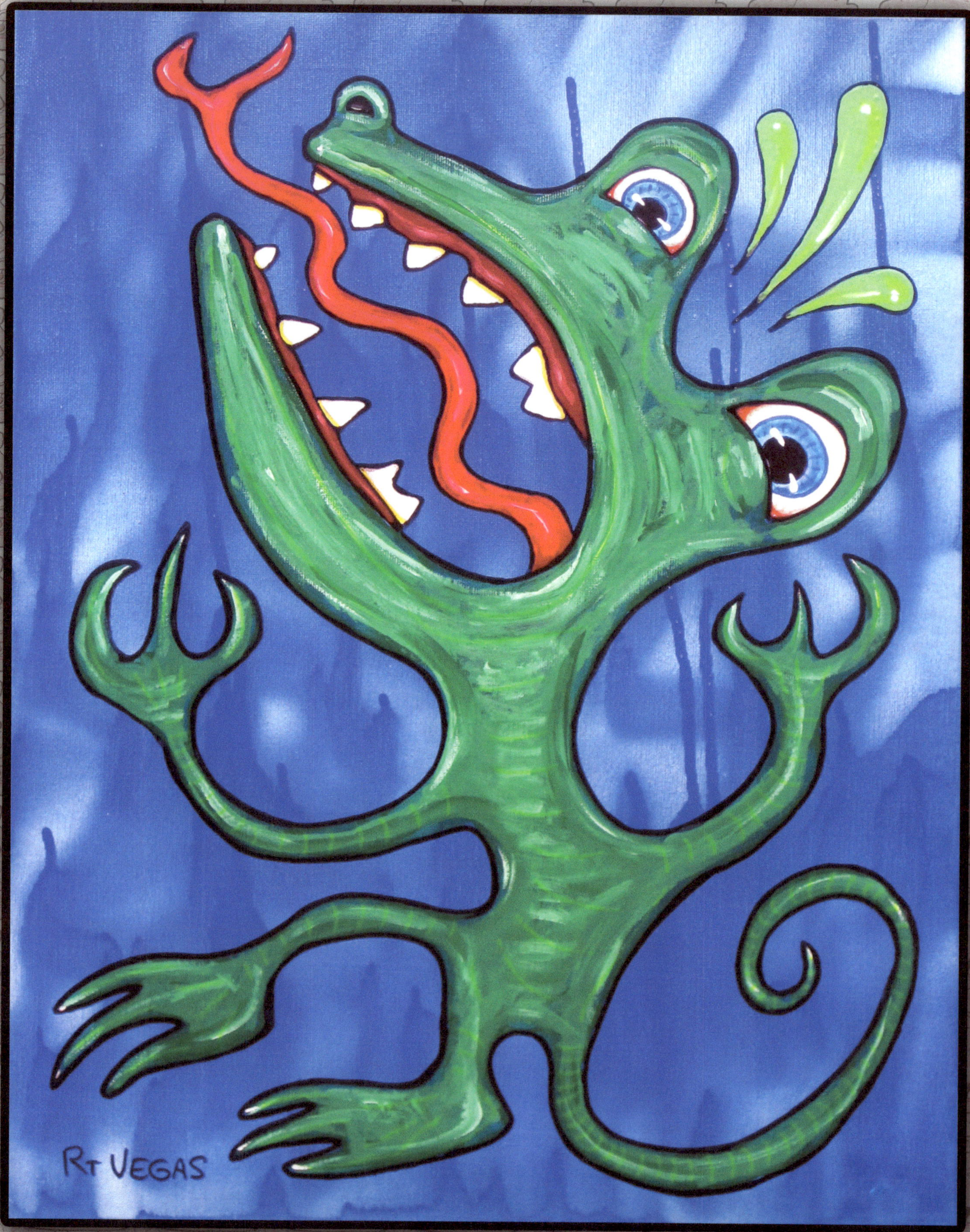
RT VEGAS

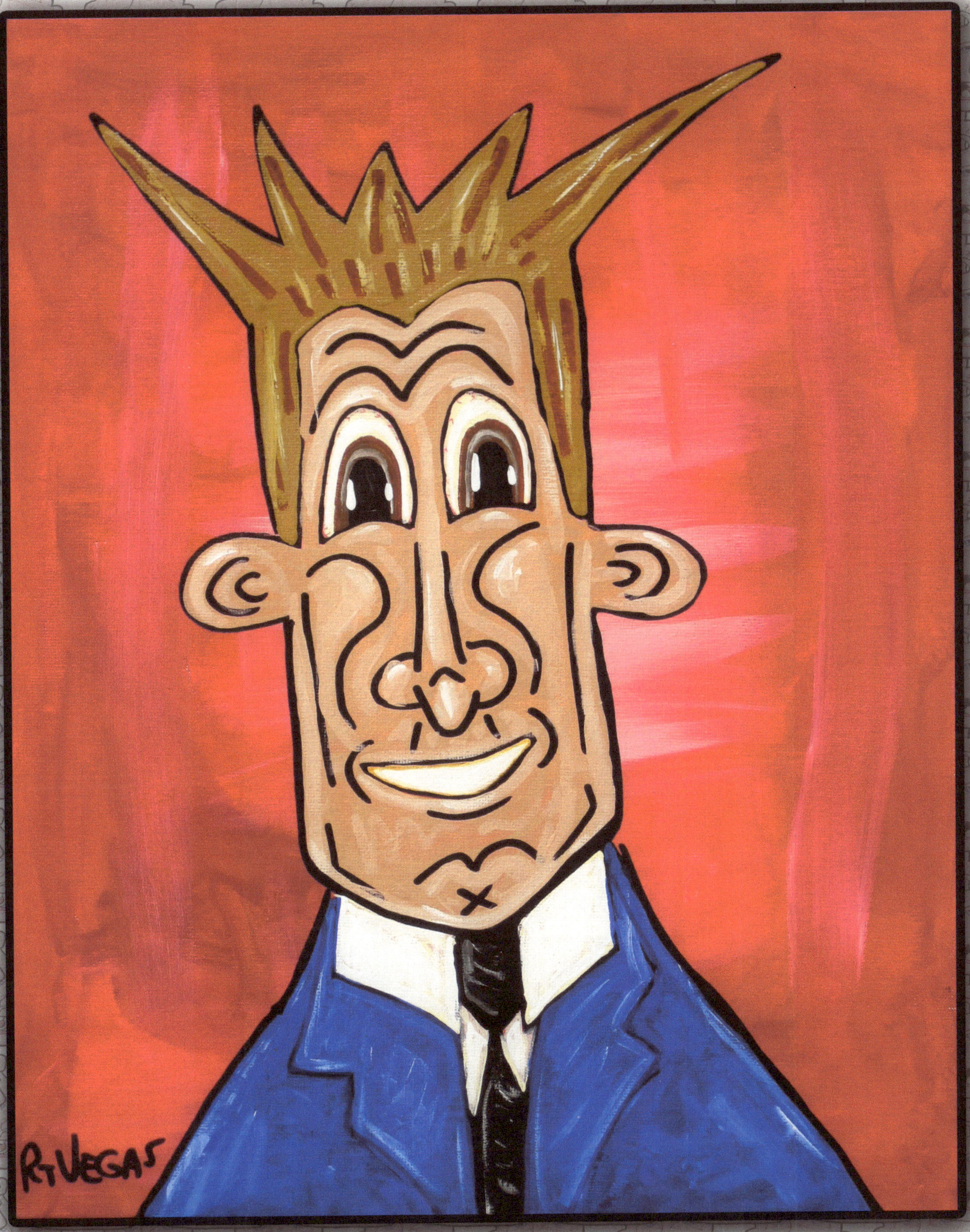
RT VEGAS

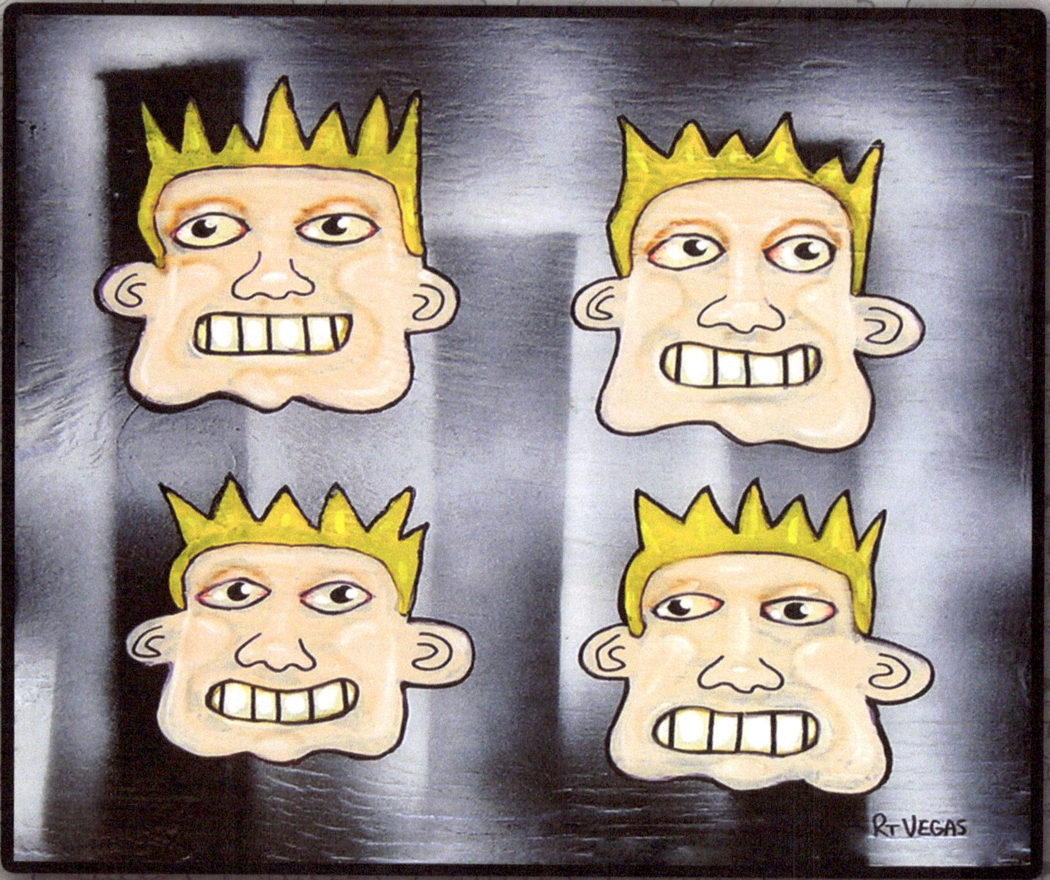
RT VEGAS

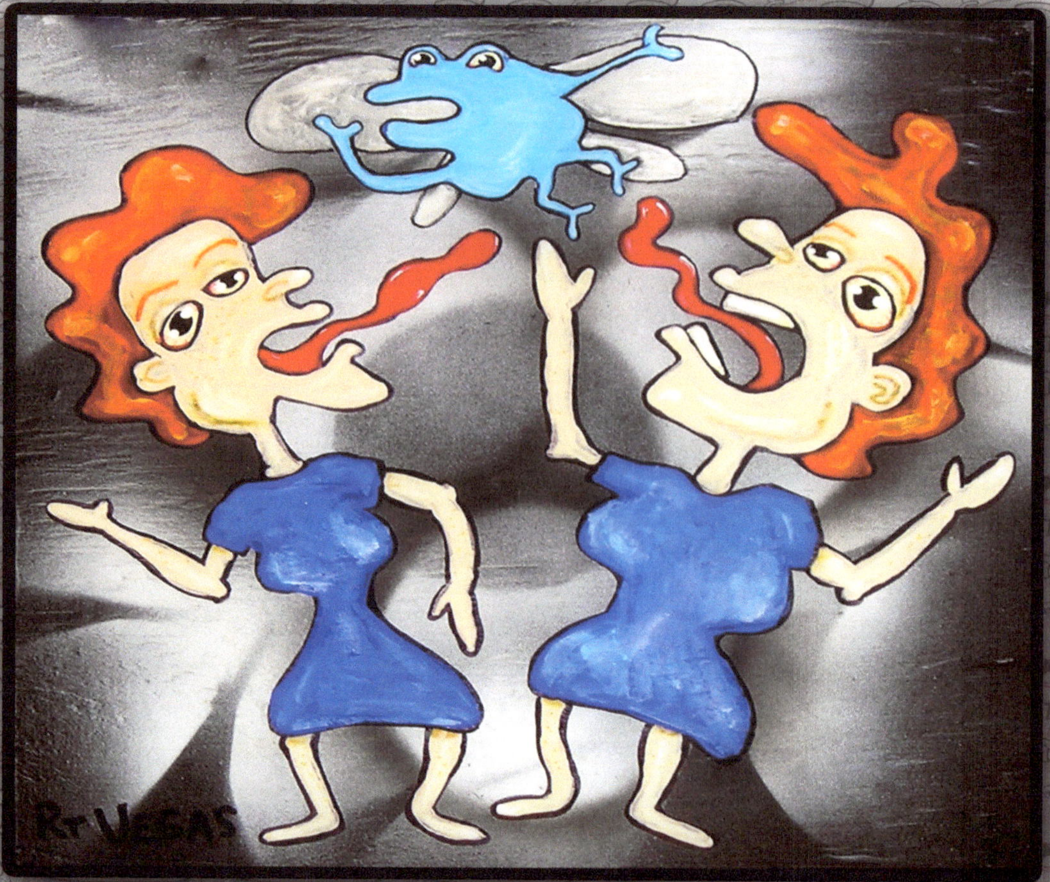
RT VEGAS

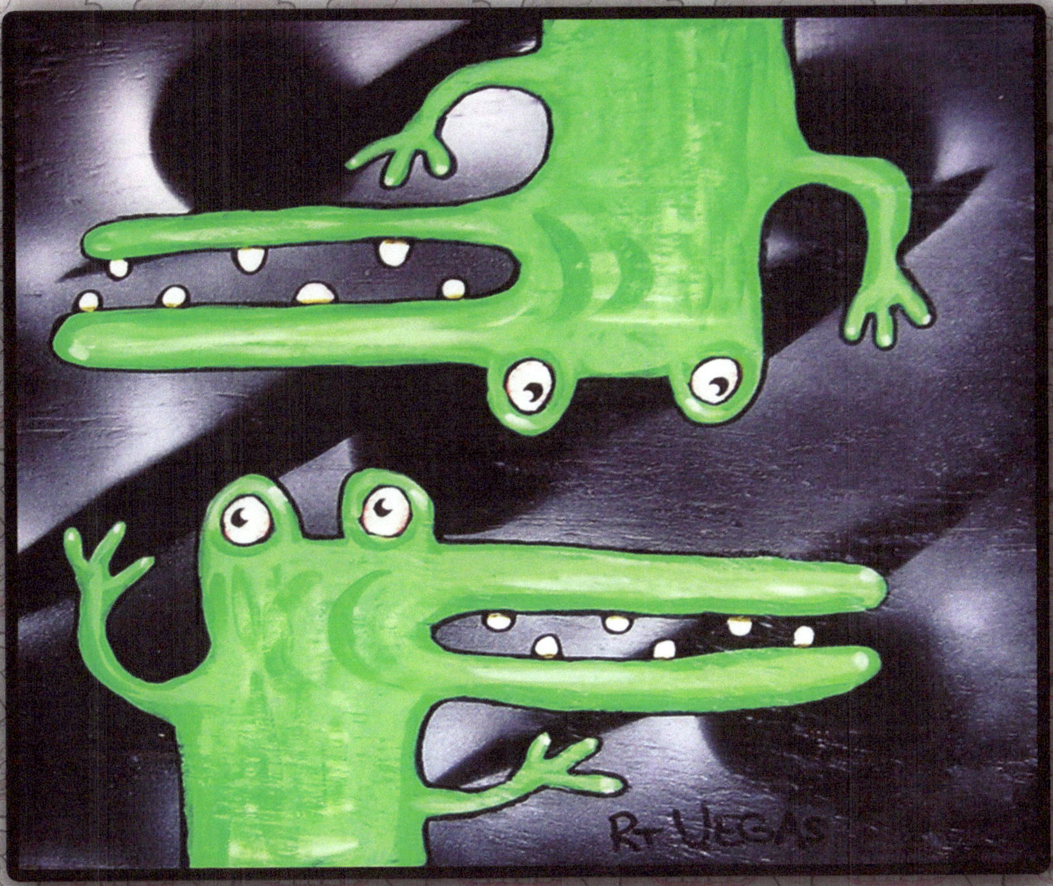
RT VEGAS

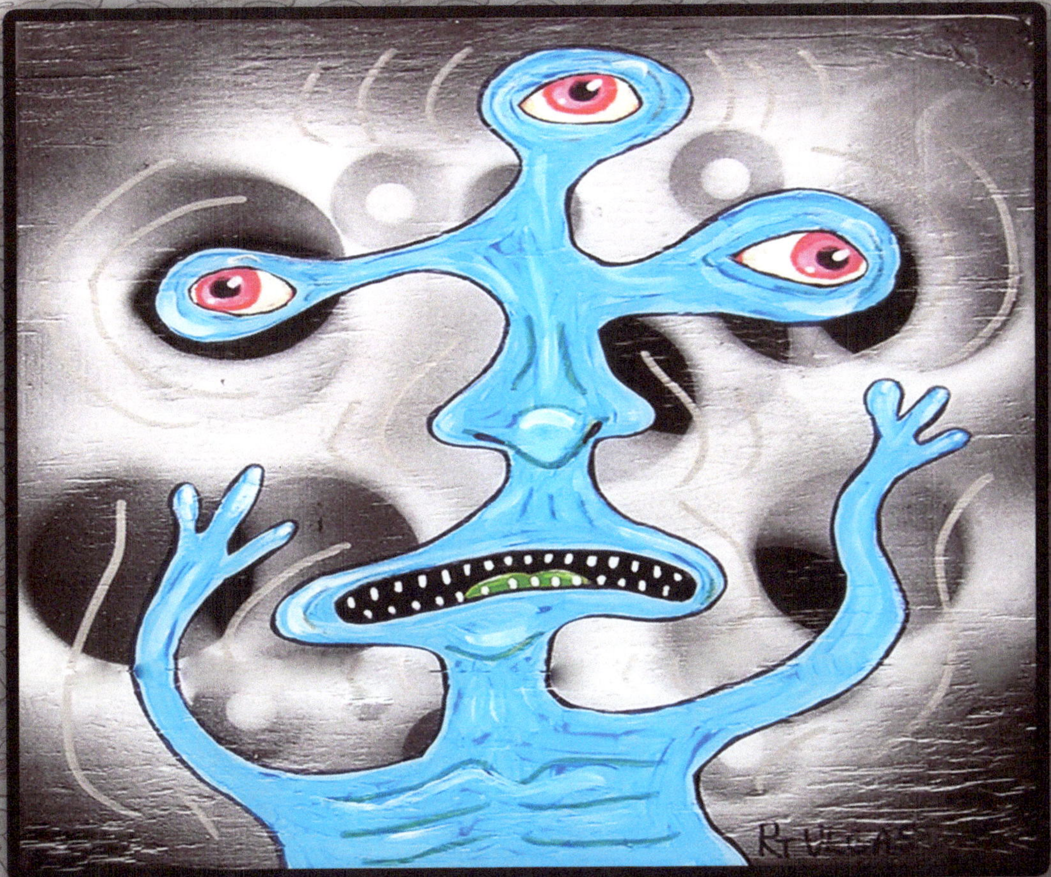

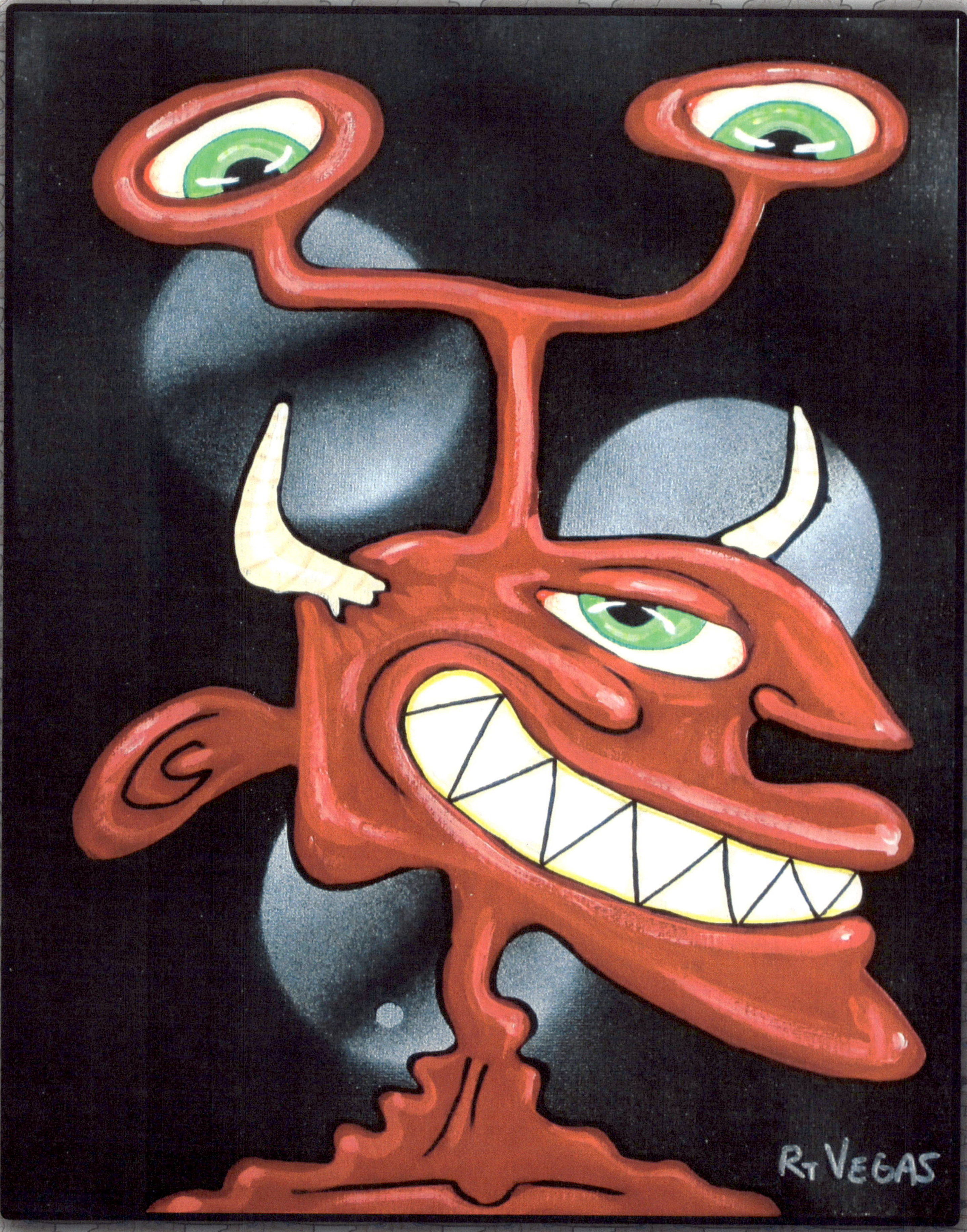
RT VEGAS

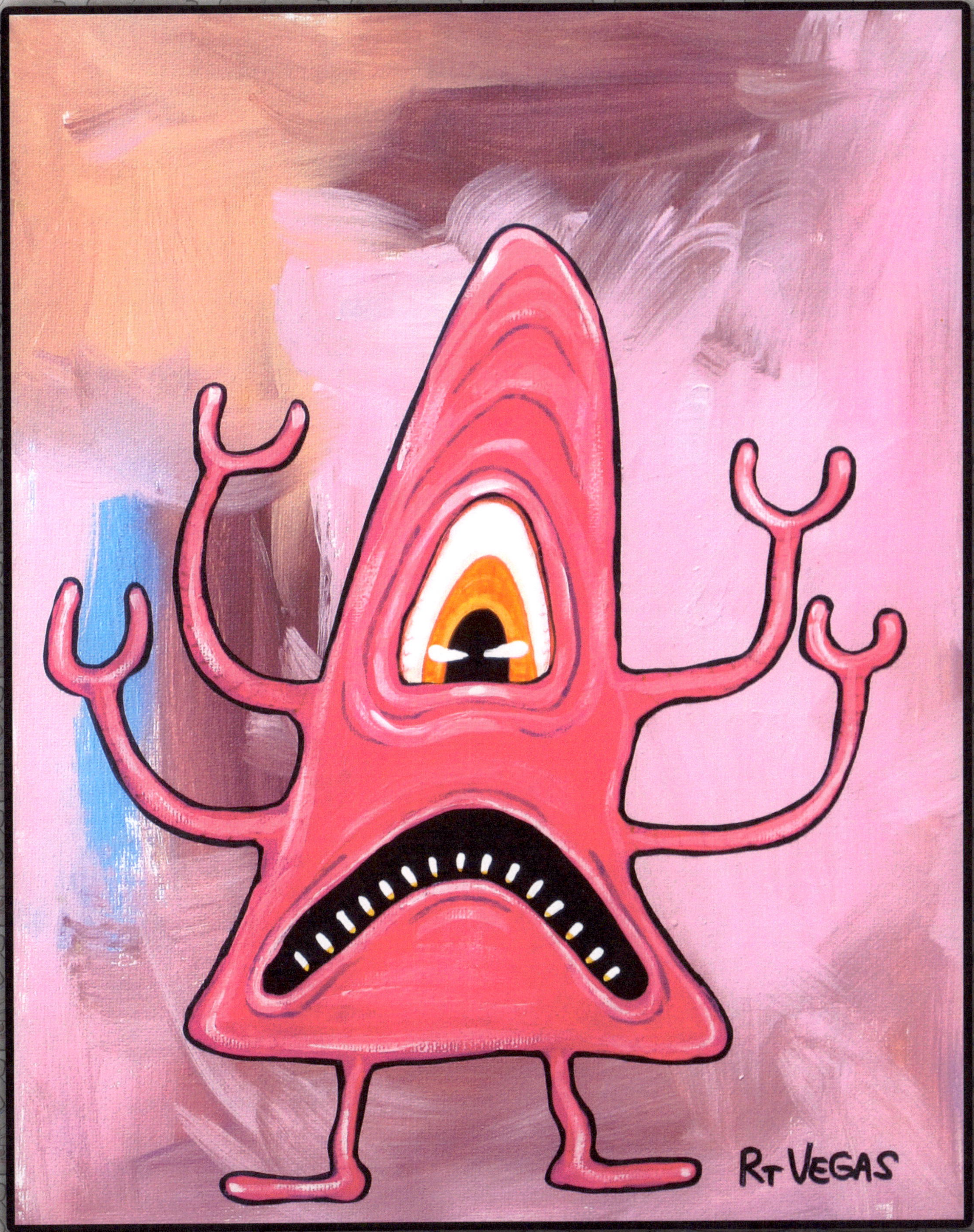
RT VEGAS

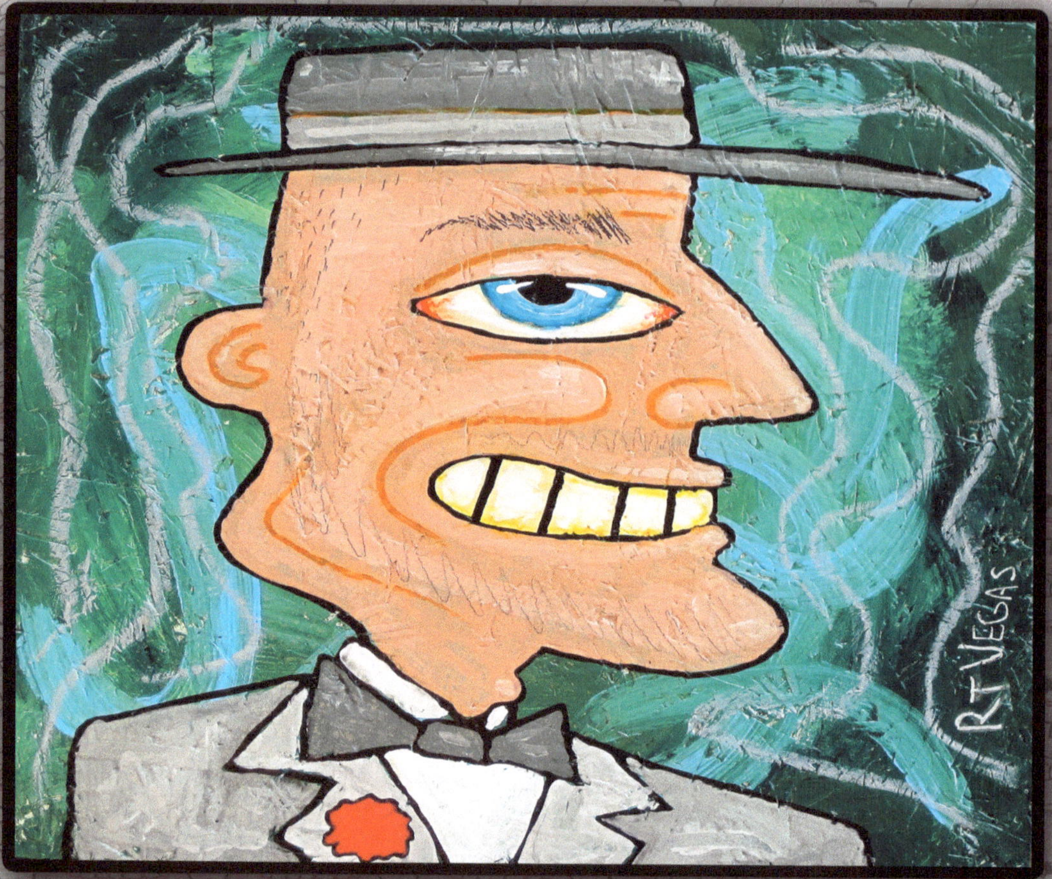
RT VEGAS

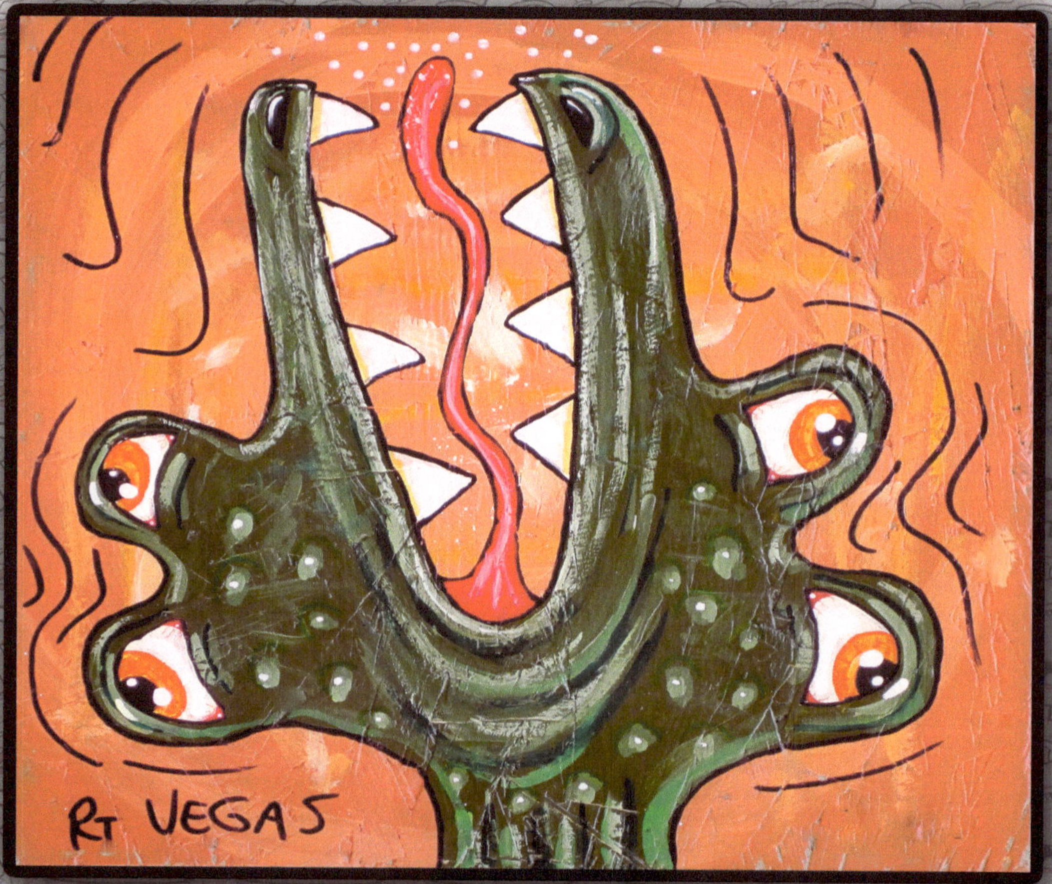
RT VEGAS

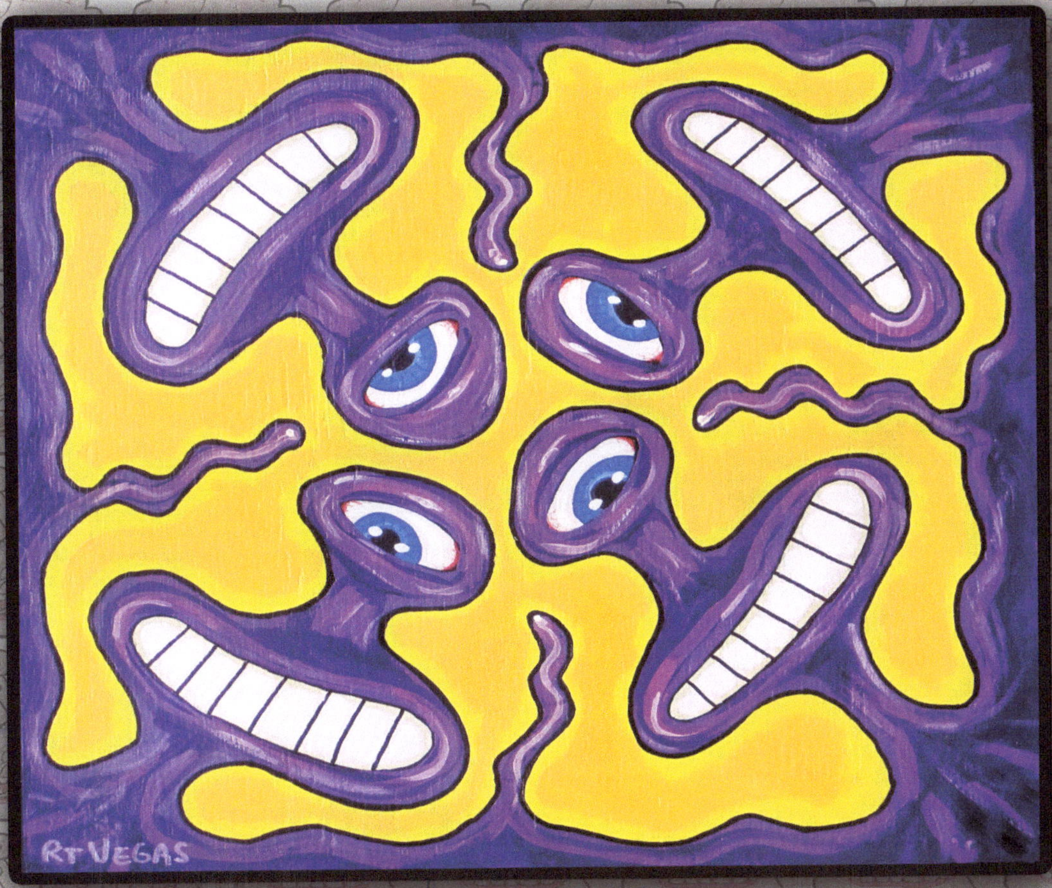
RtVEGAS

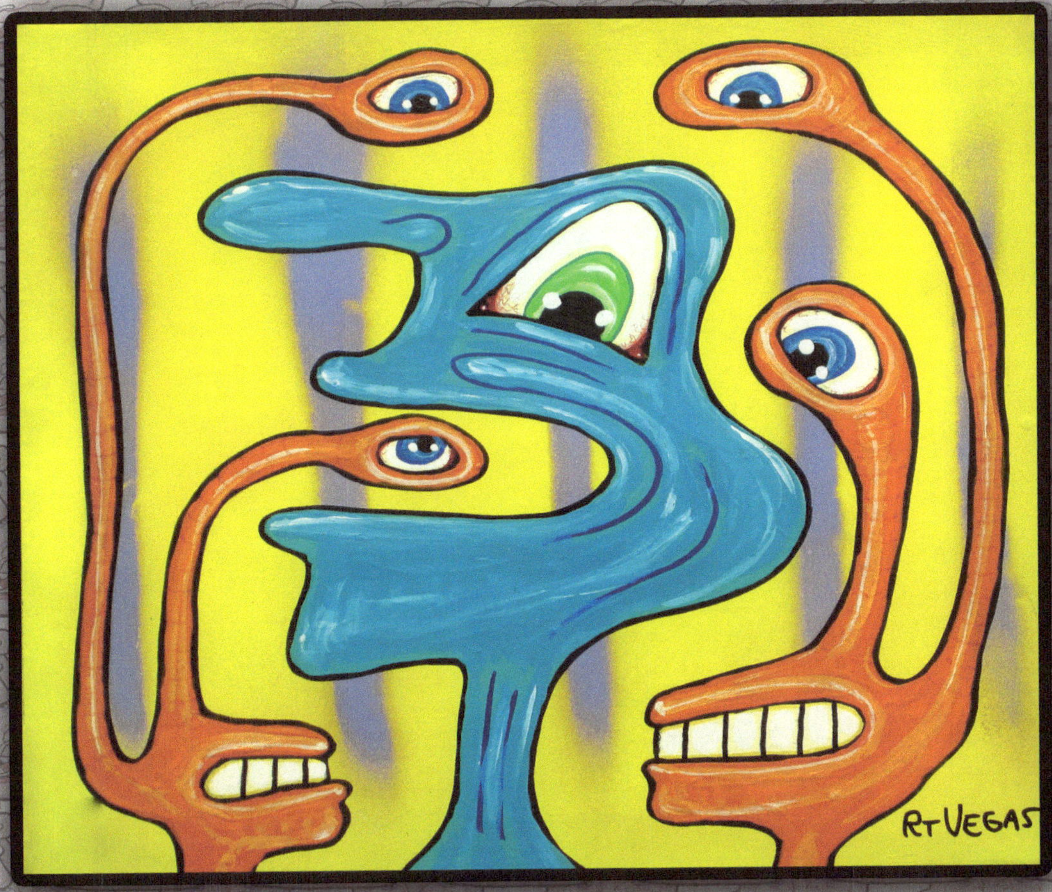
RtVEGAS

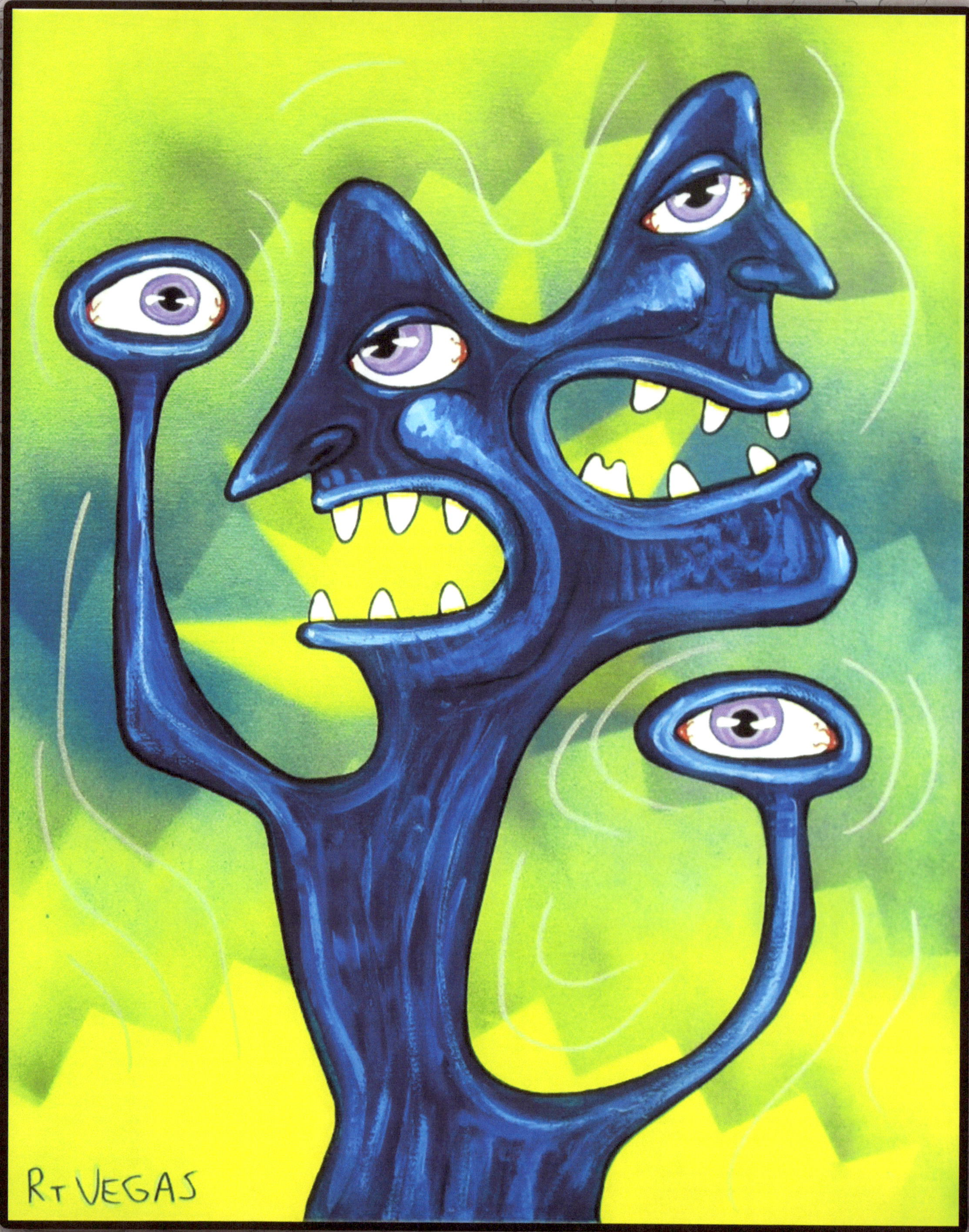
Rt VEGAS

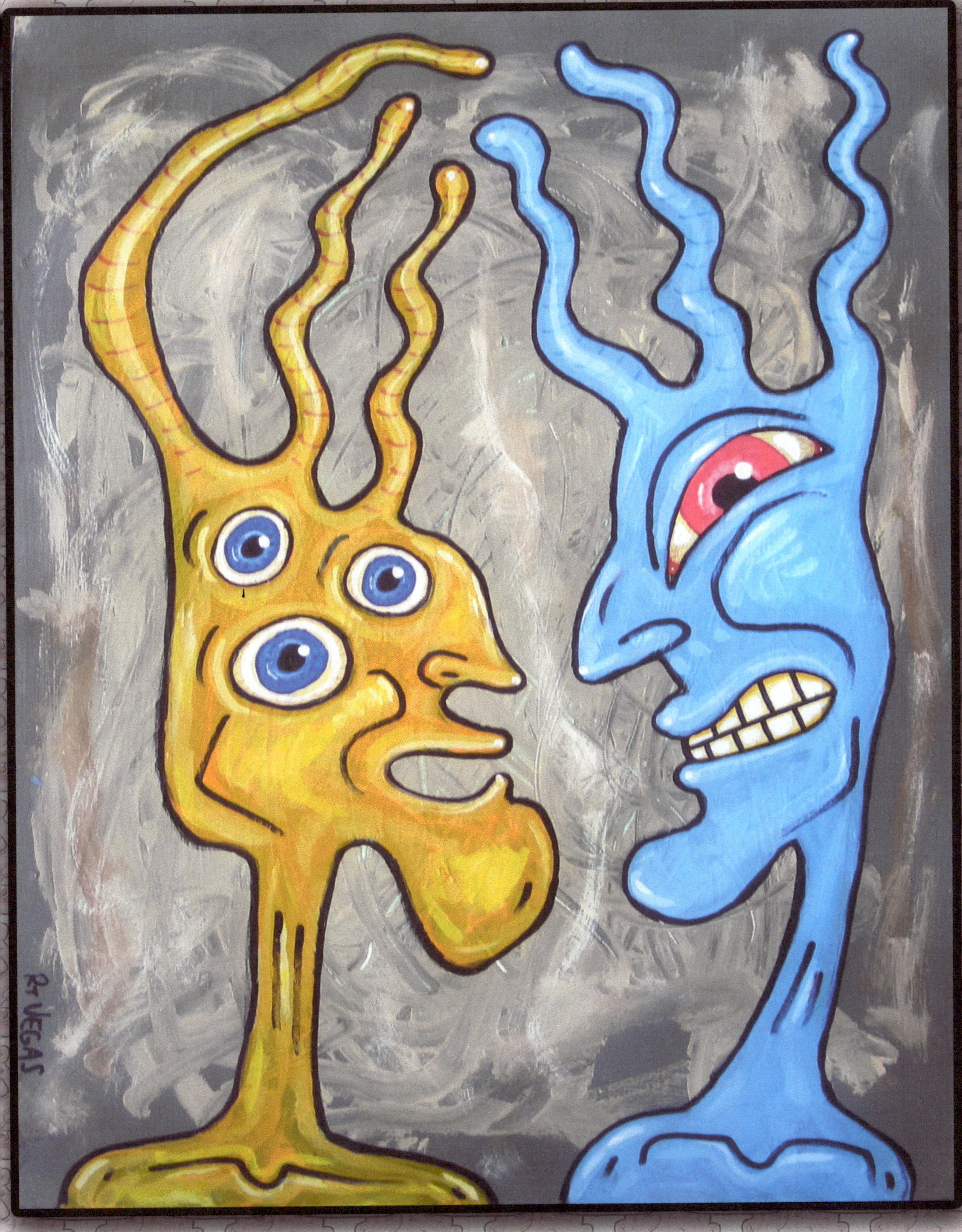
VEGAS

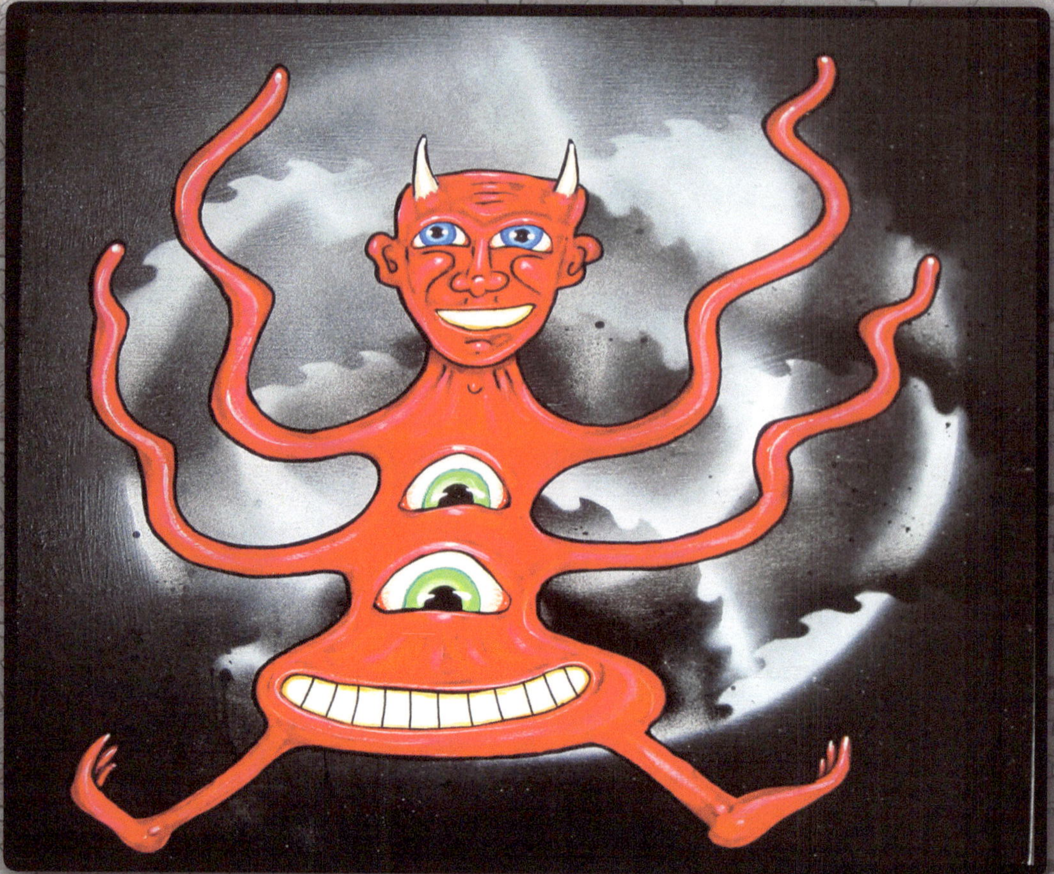

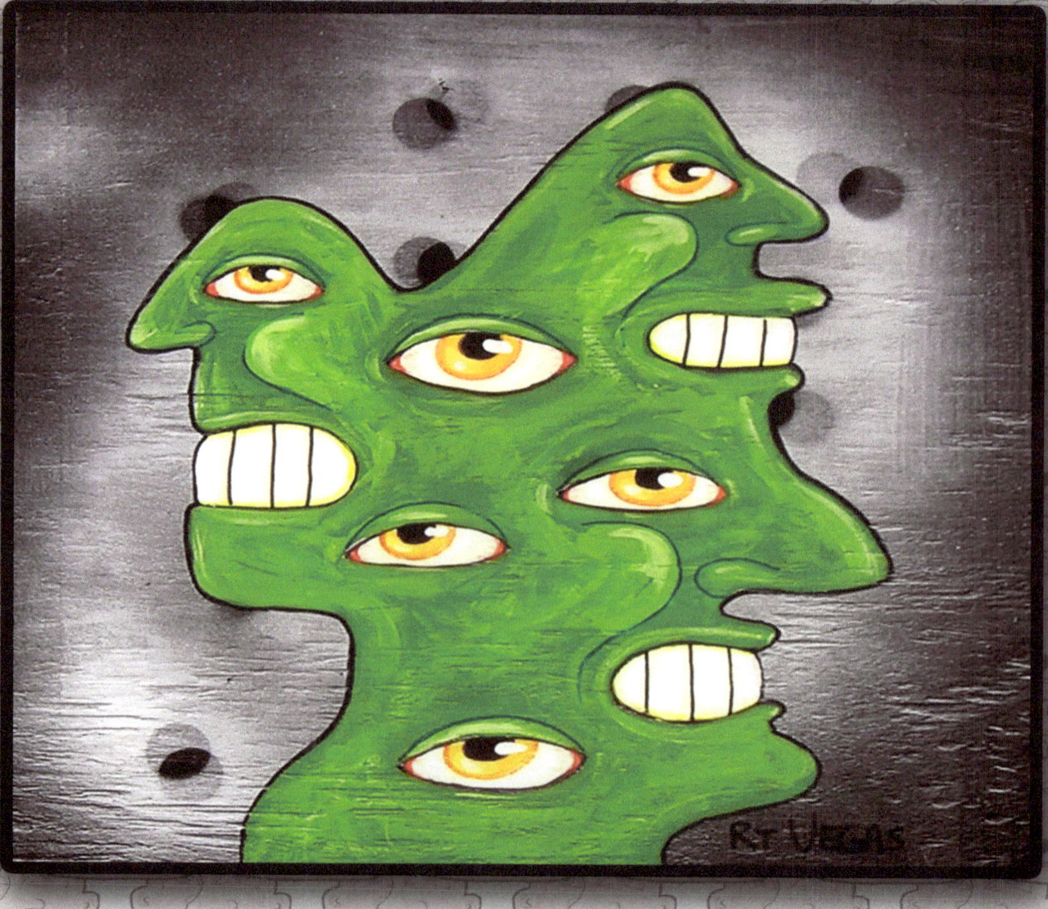
RT VEGAS

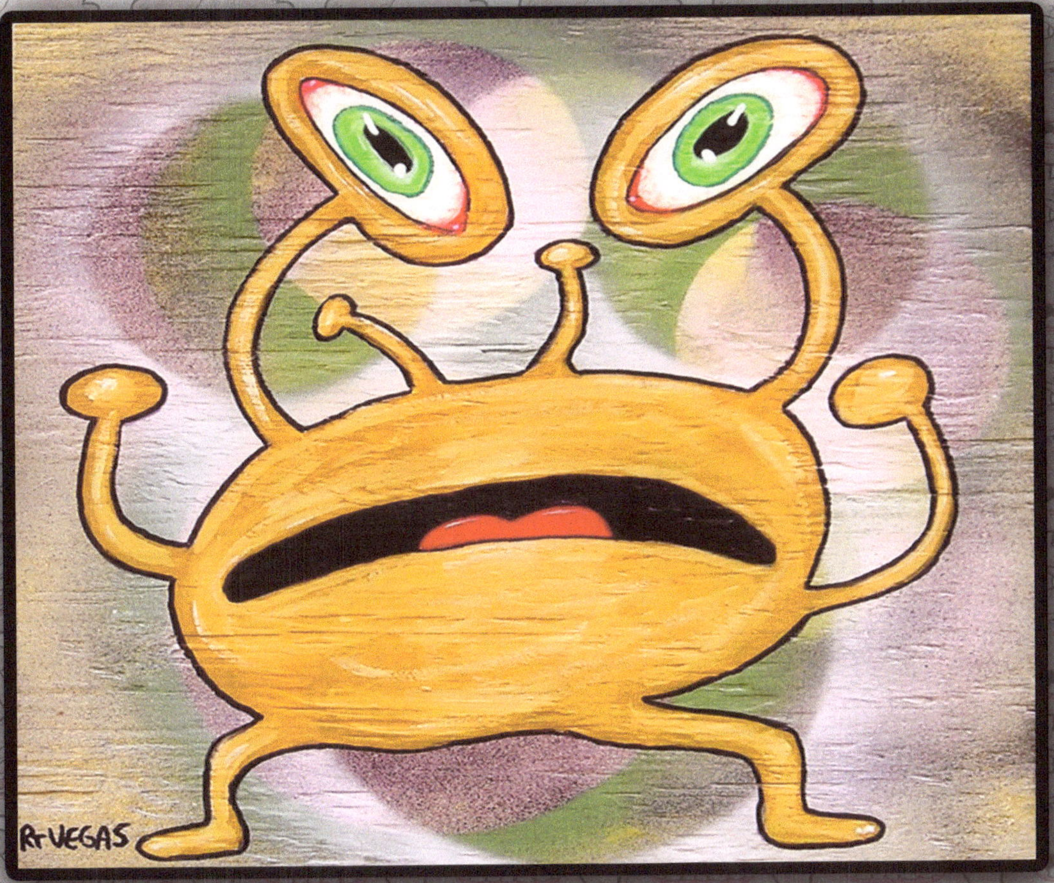
RT VEGAS

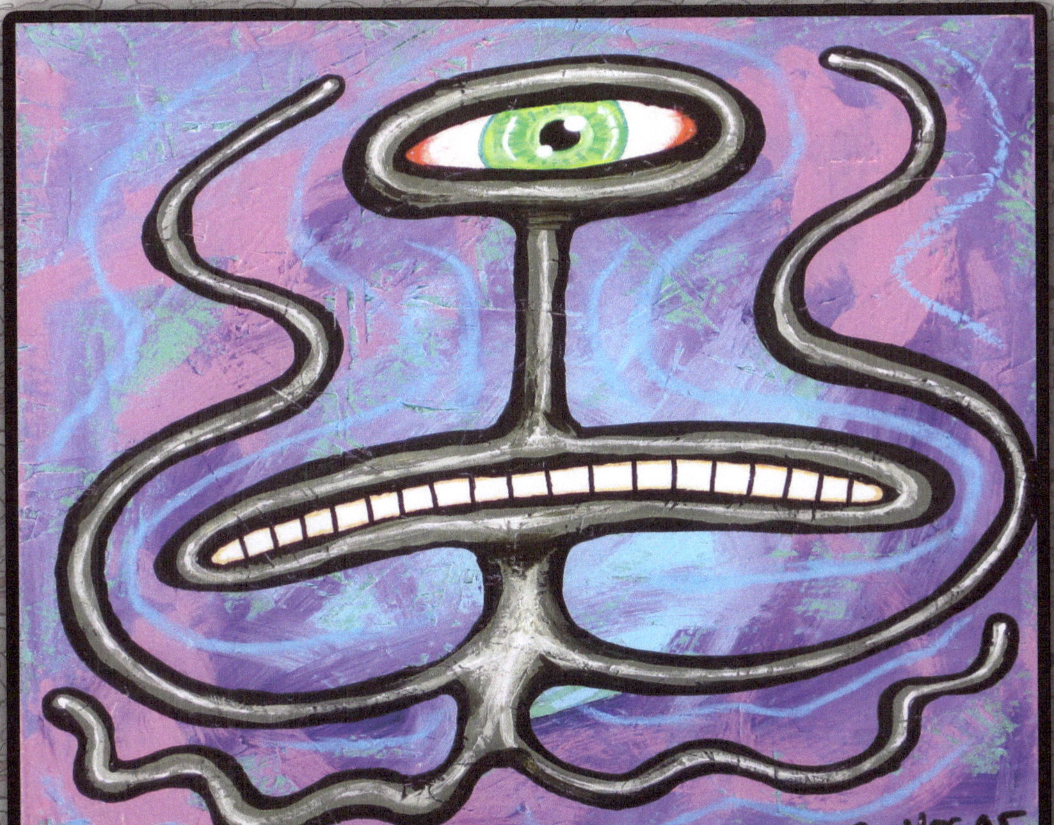
RT VEGAS

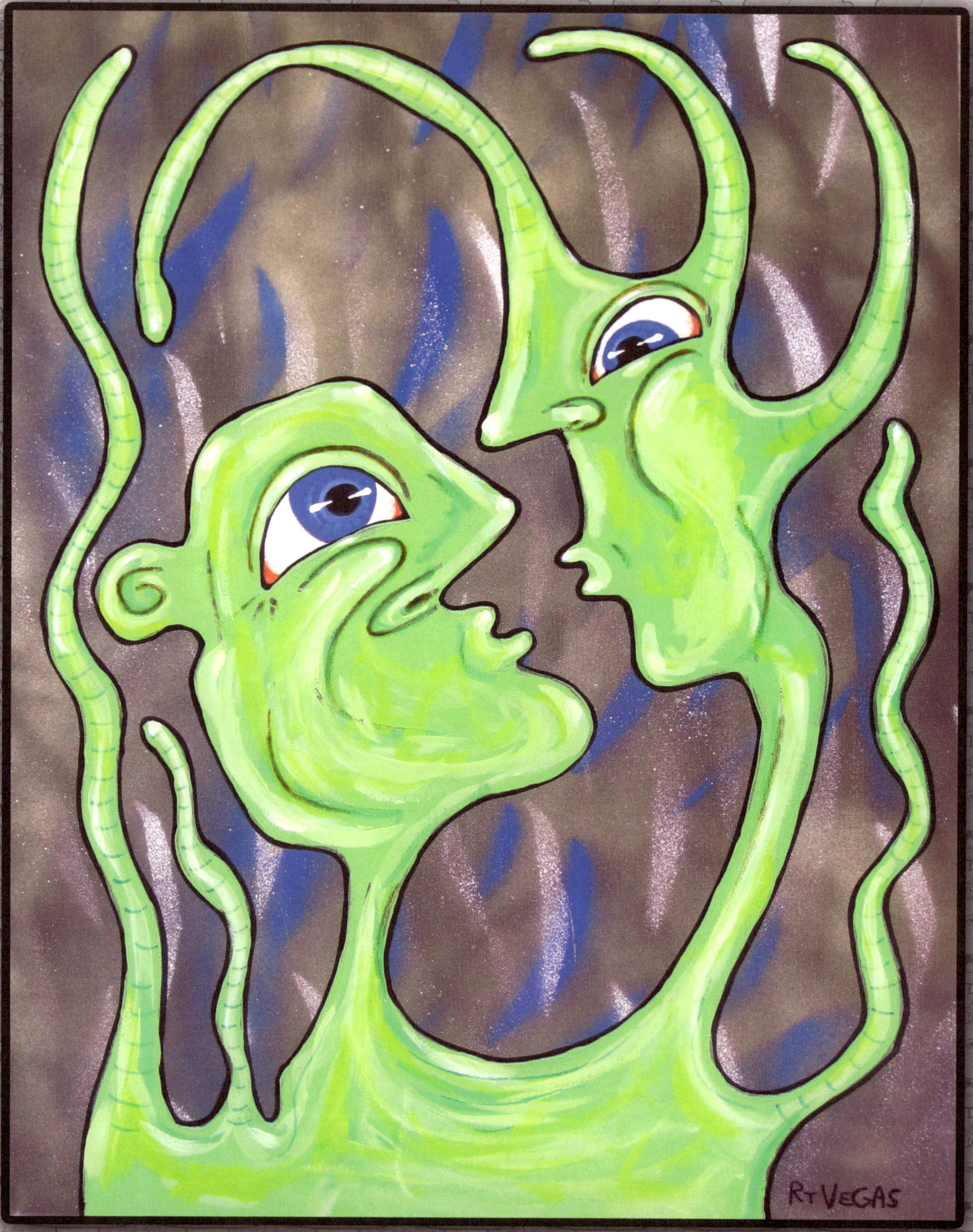
RT VEGAS

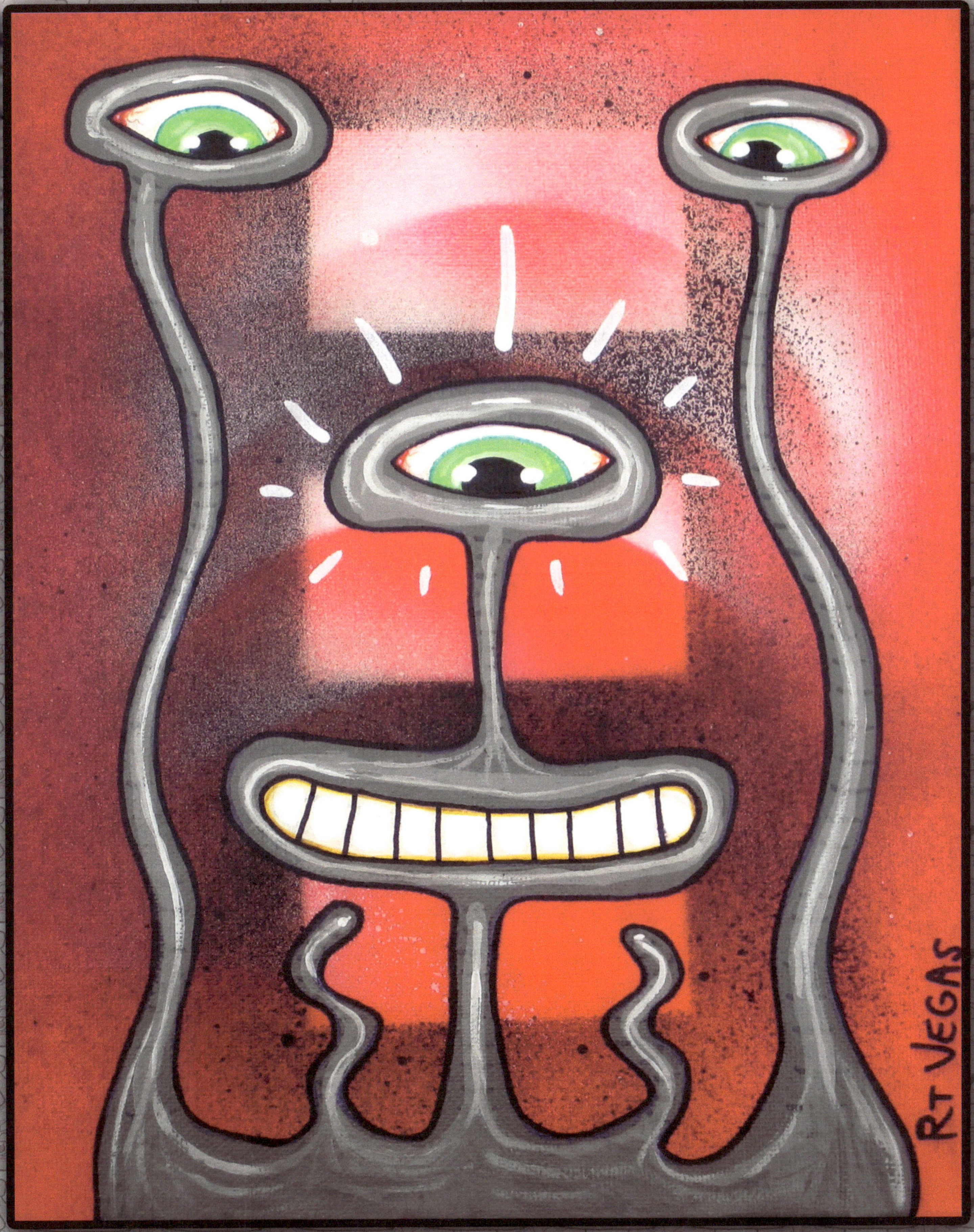
RT VEGAS

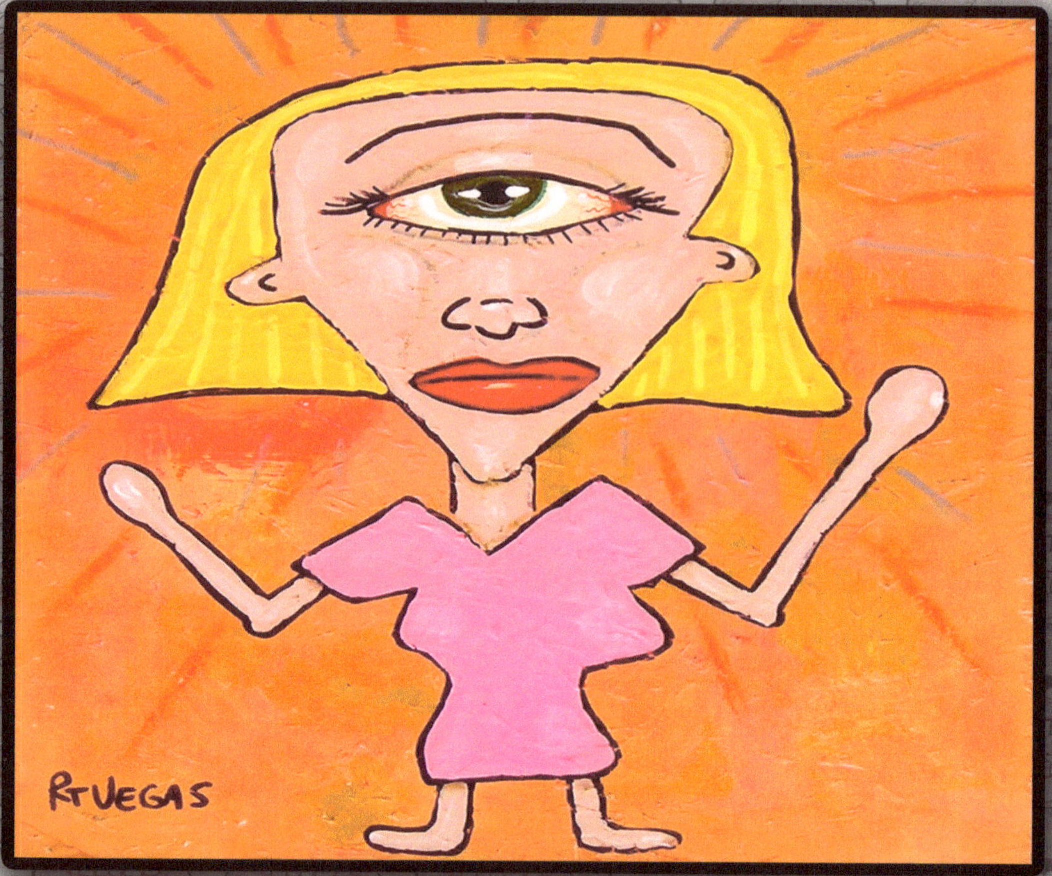
RtVEGAS

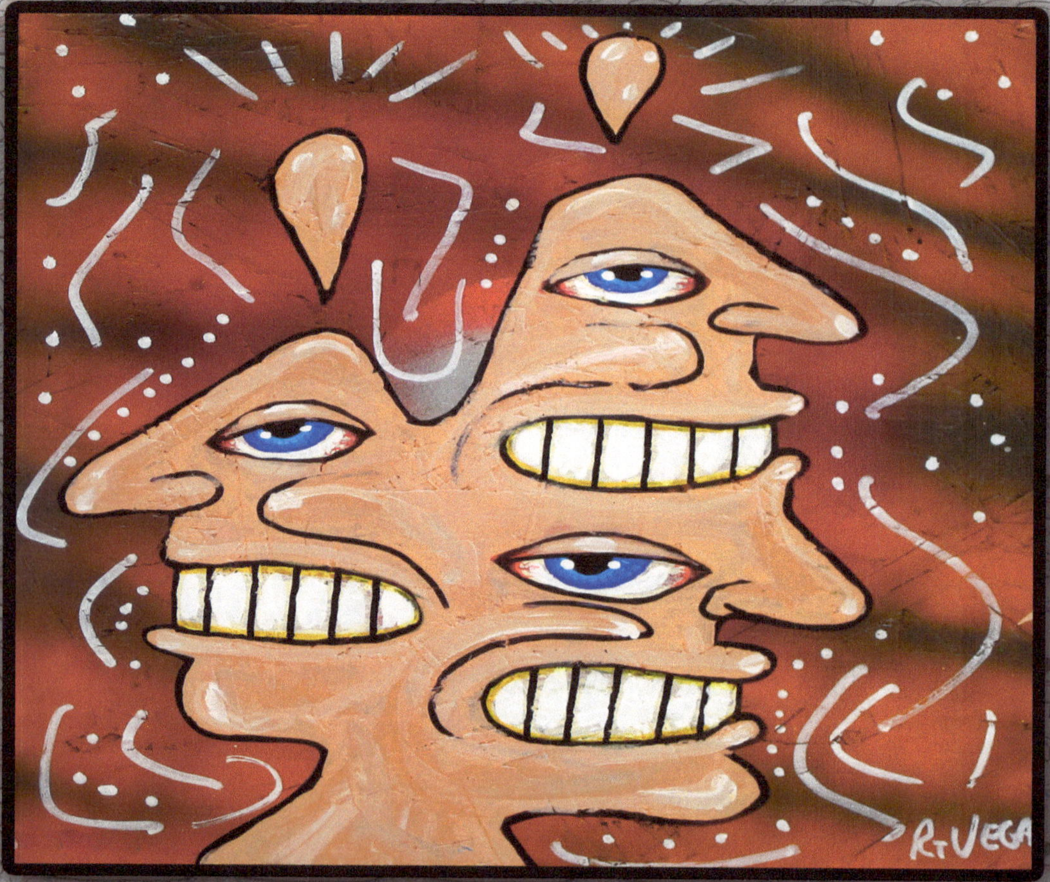
RtVEGA

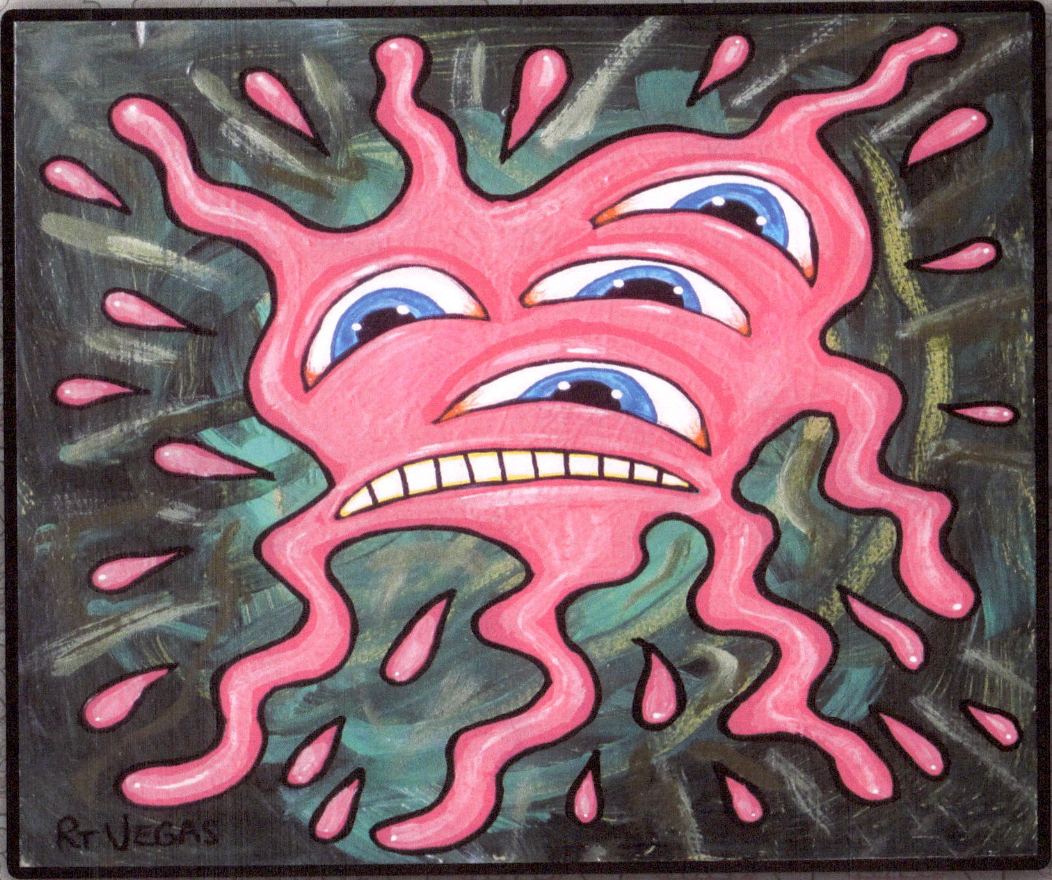
RT VEGAS

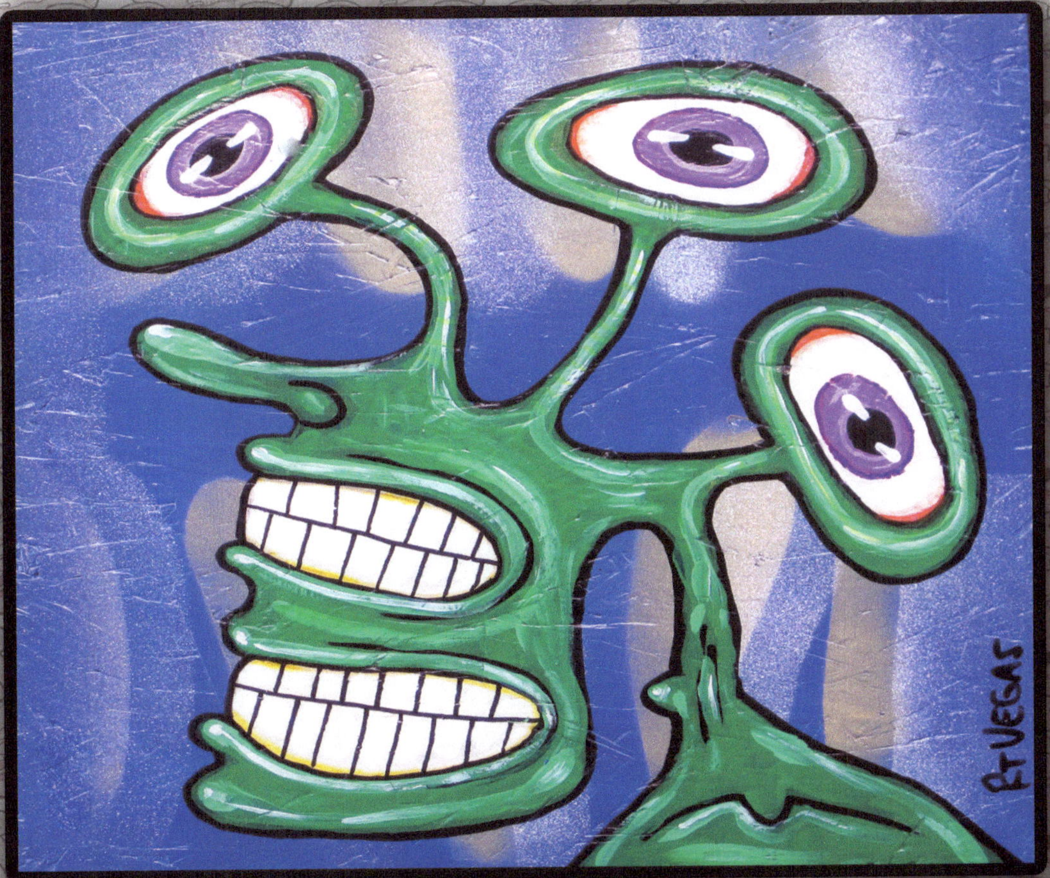
RT VEGAS

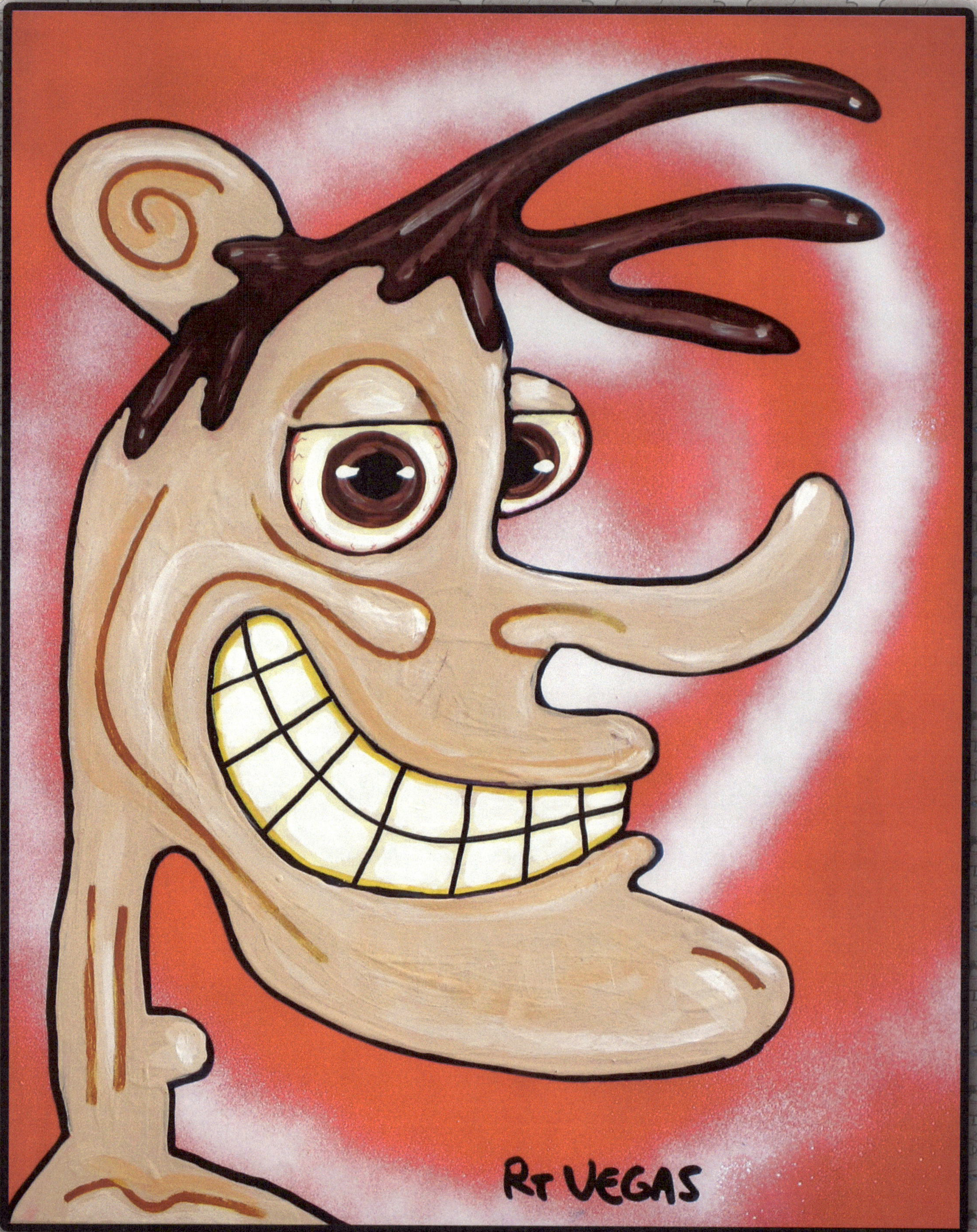
RT VEGAS

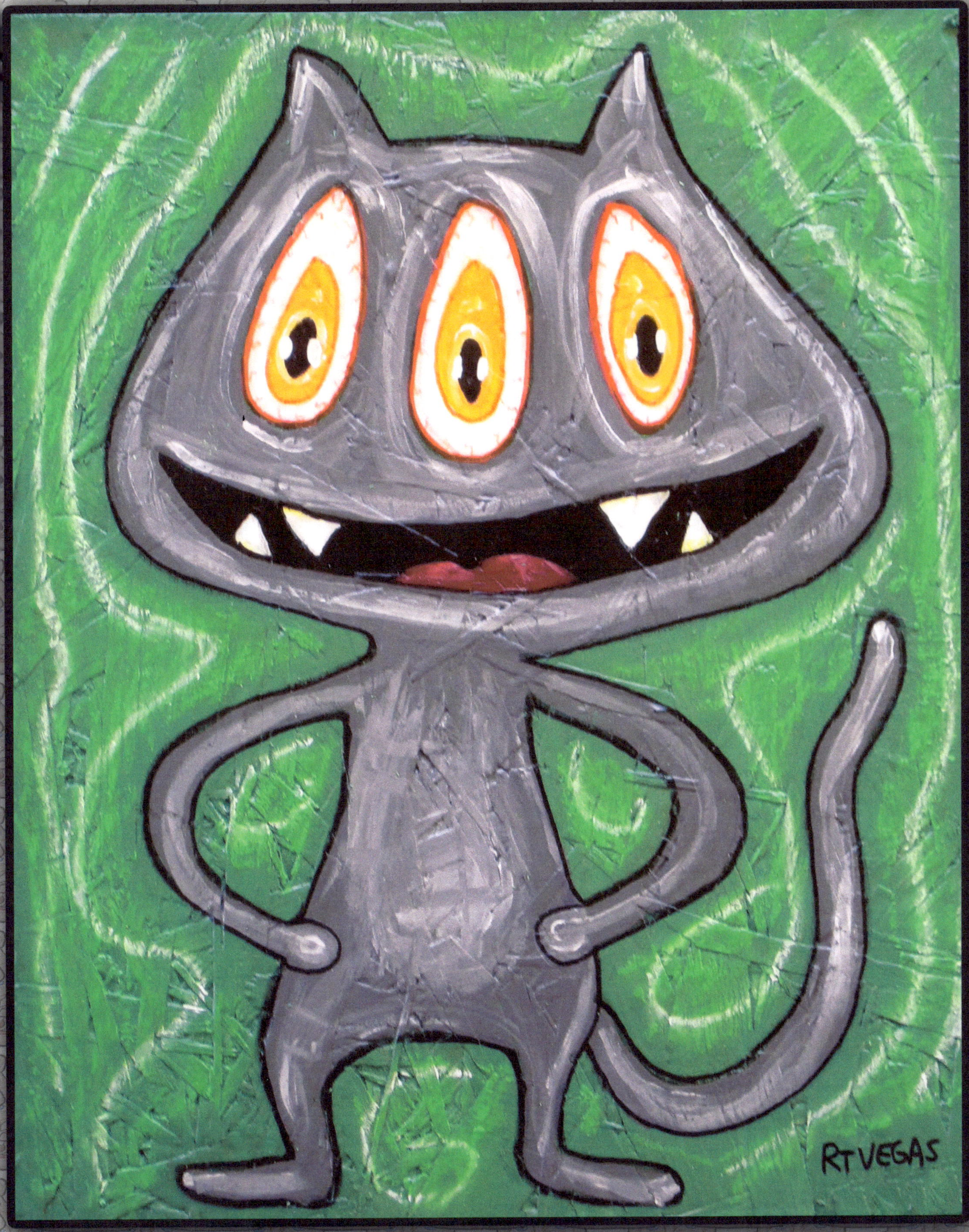
RT VEGAS

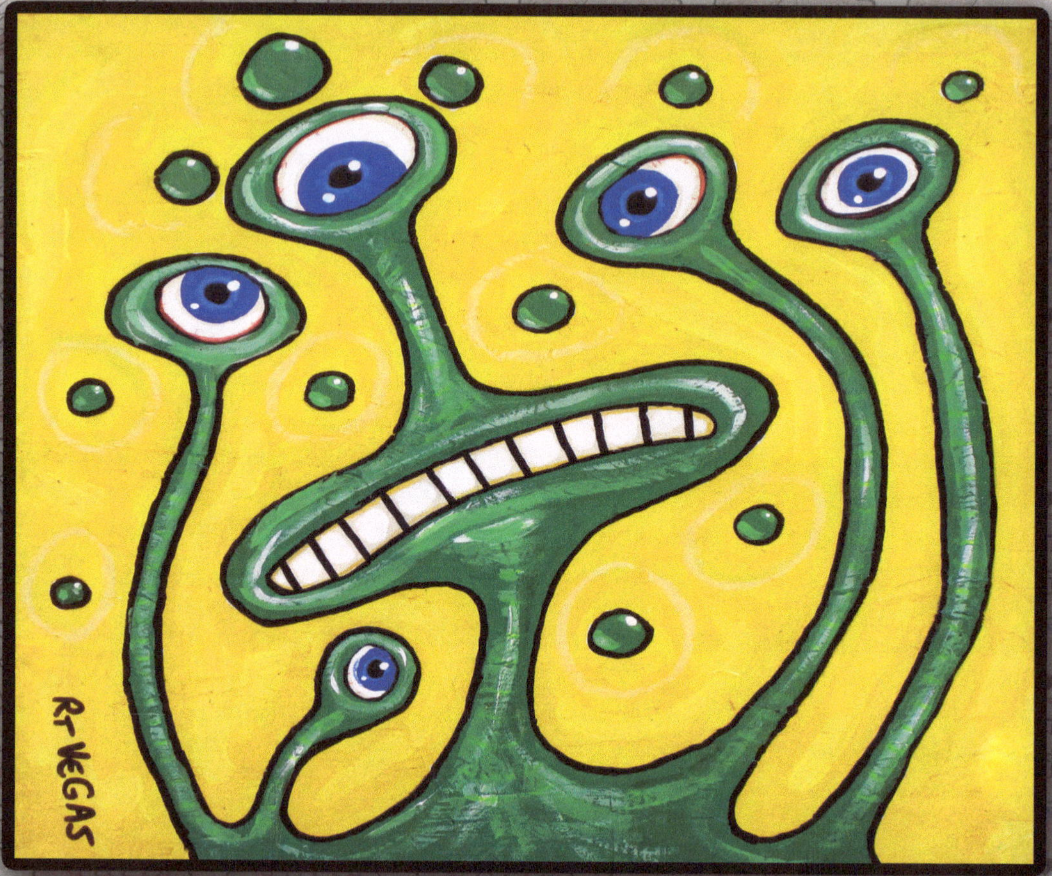
RT VEGAS

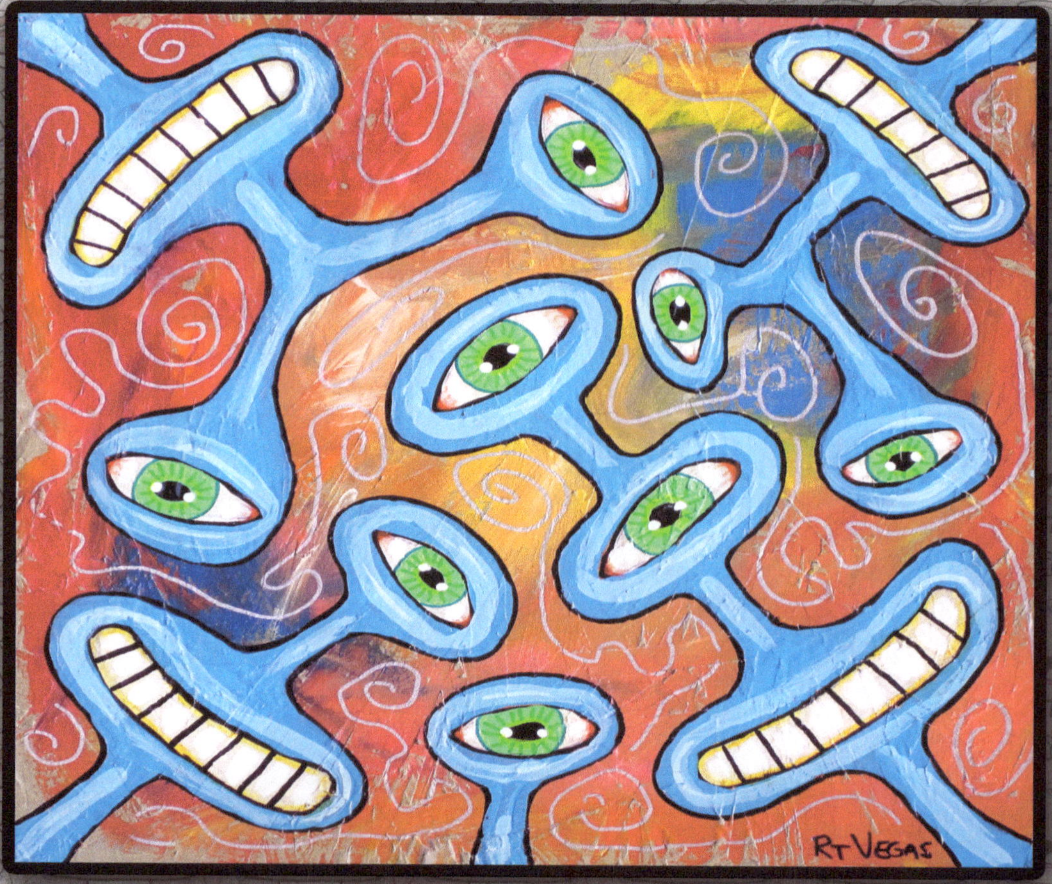
RT VEGAS

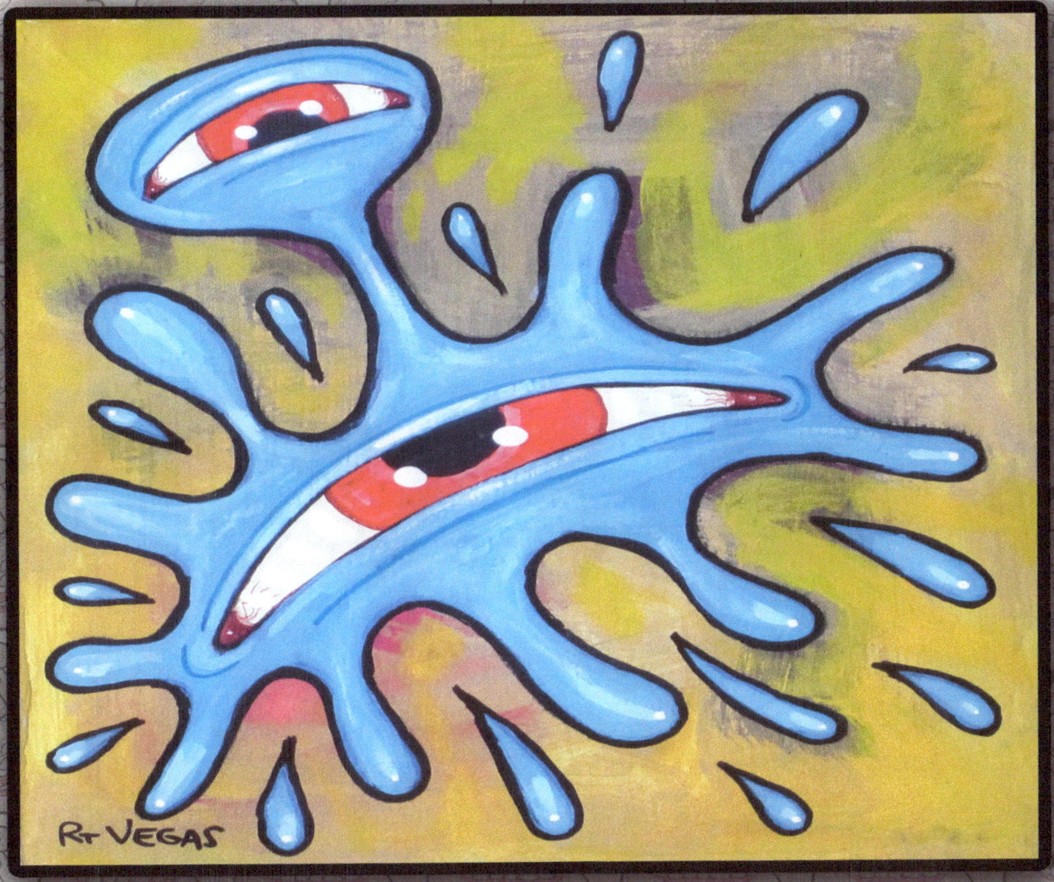
Rt VEGAS

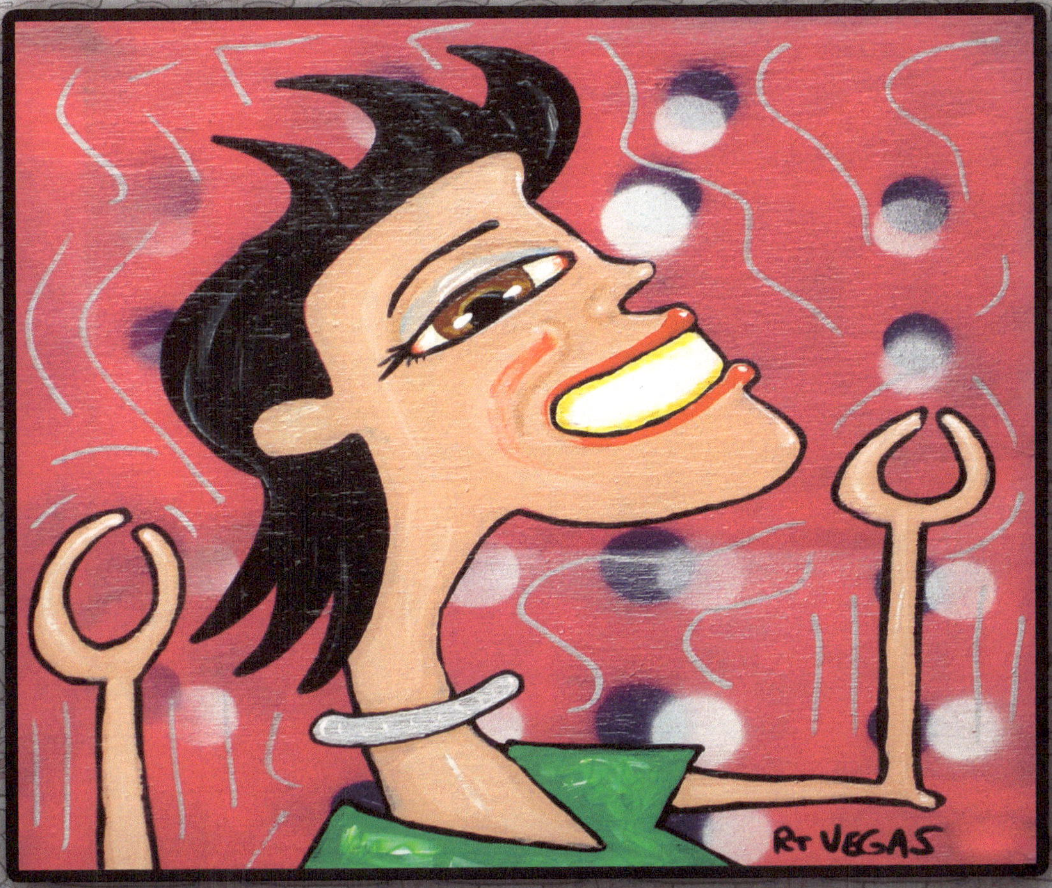
Rt VEGAS

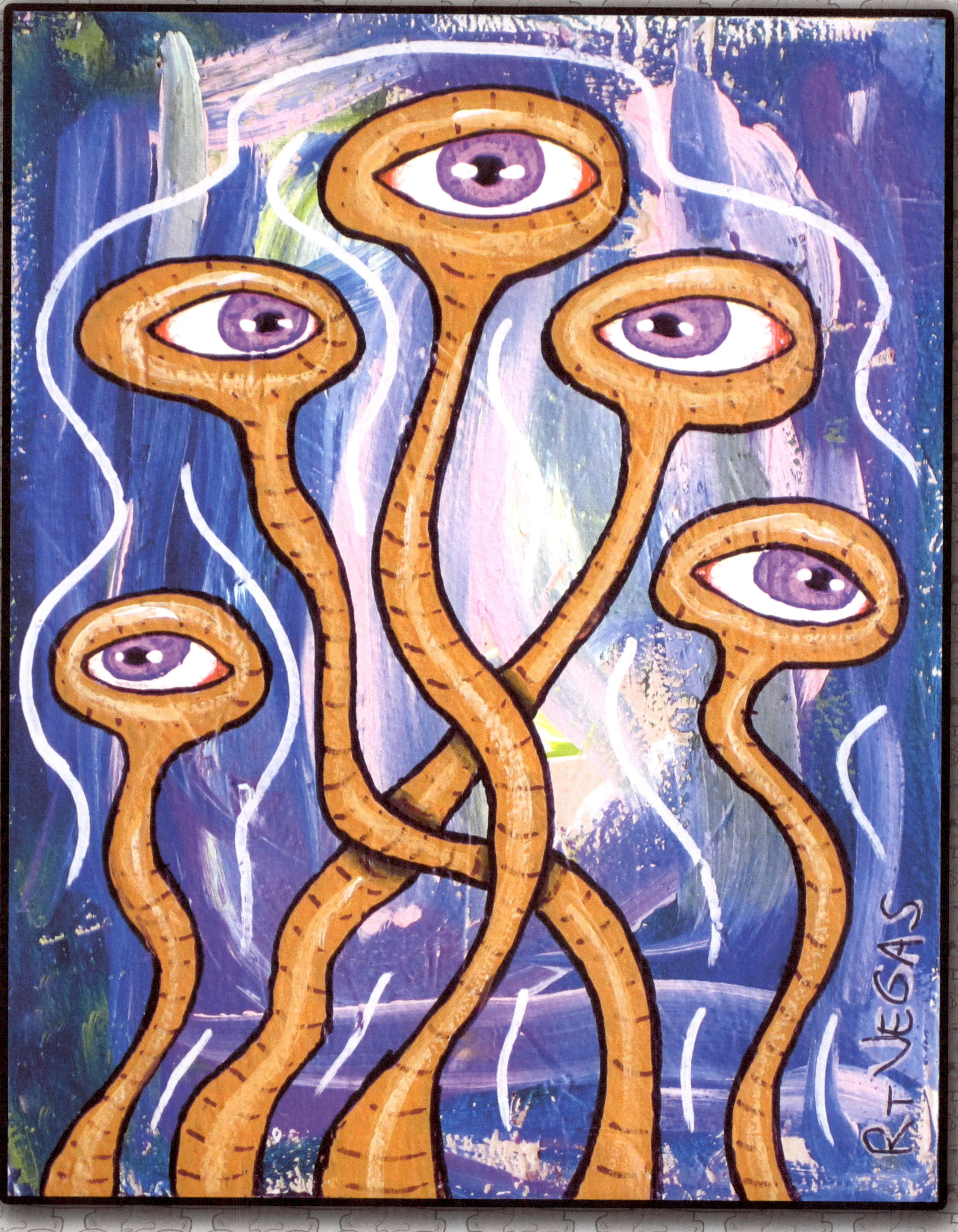
RT VEGAS

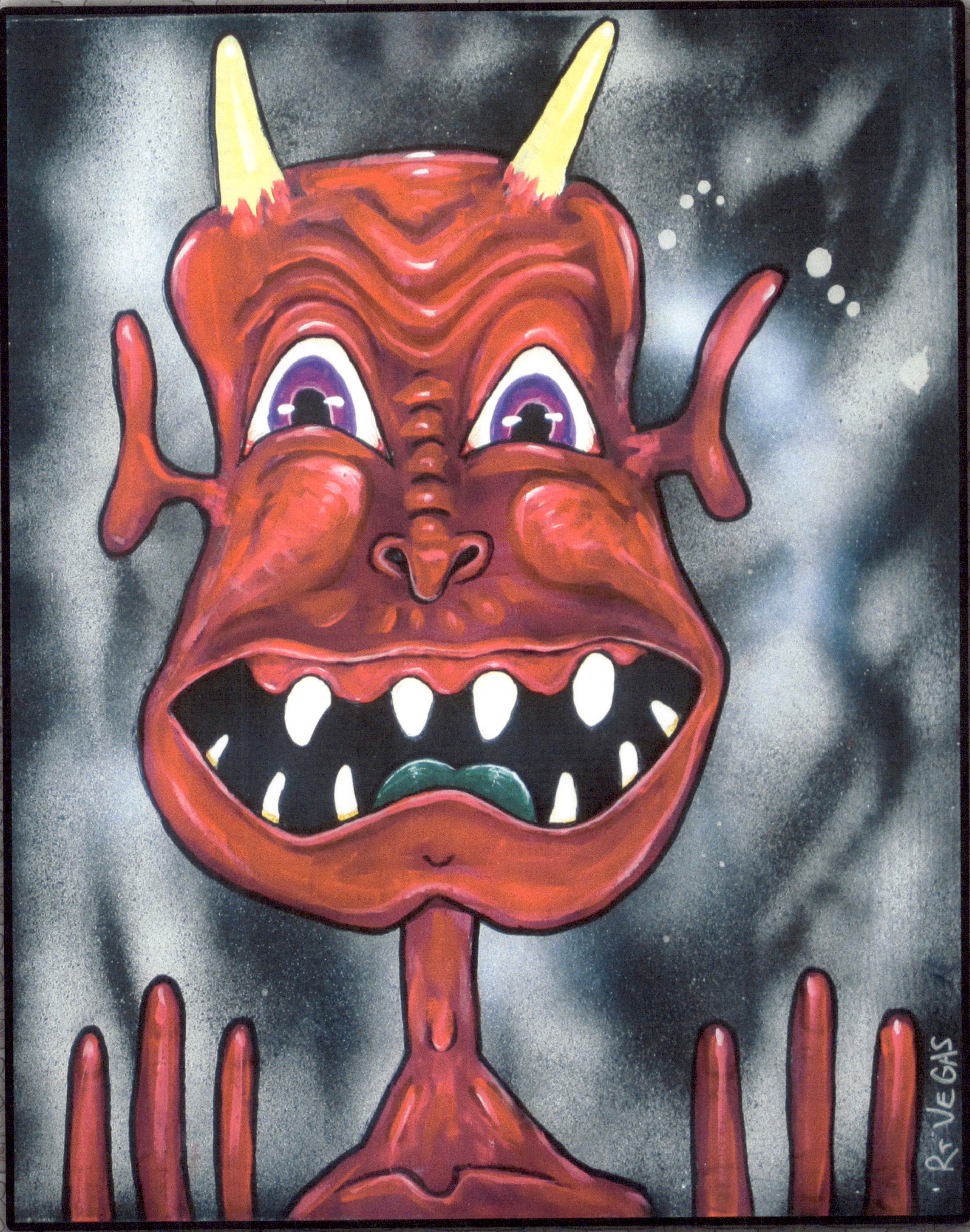
R. VEGAS

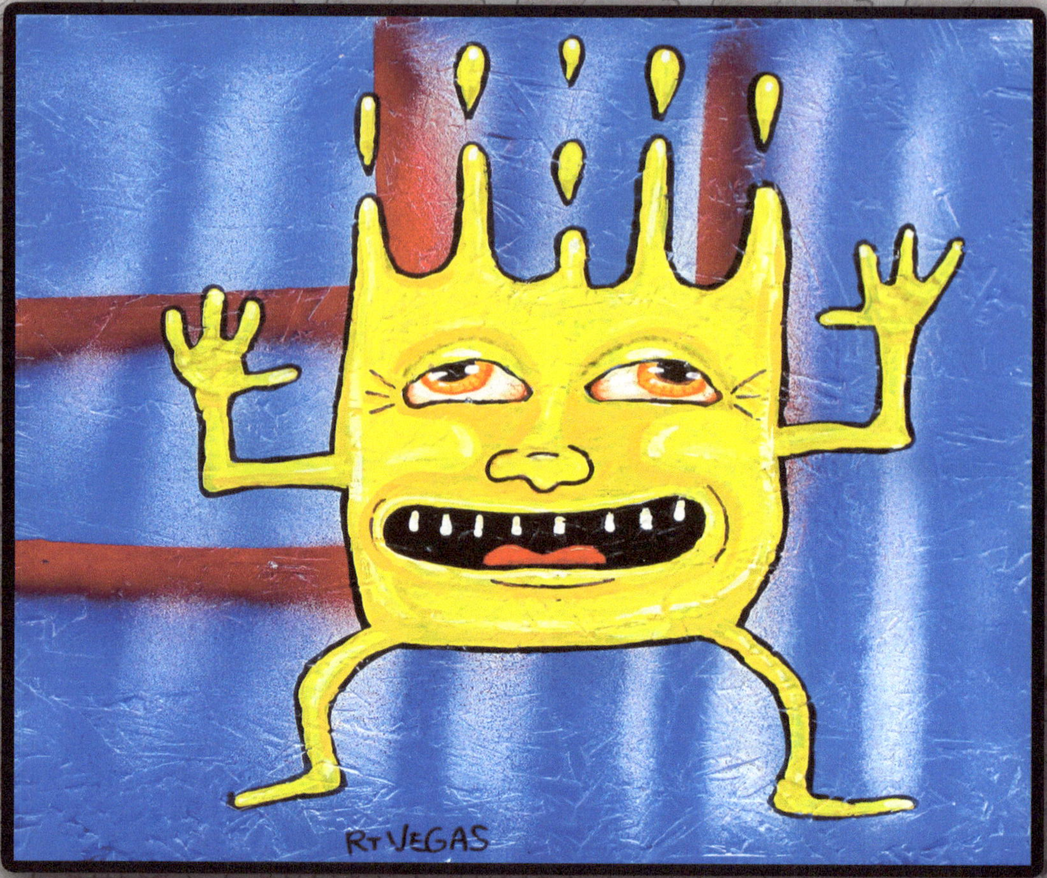
RtVEGAS

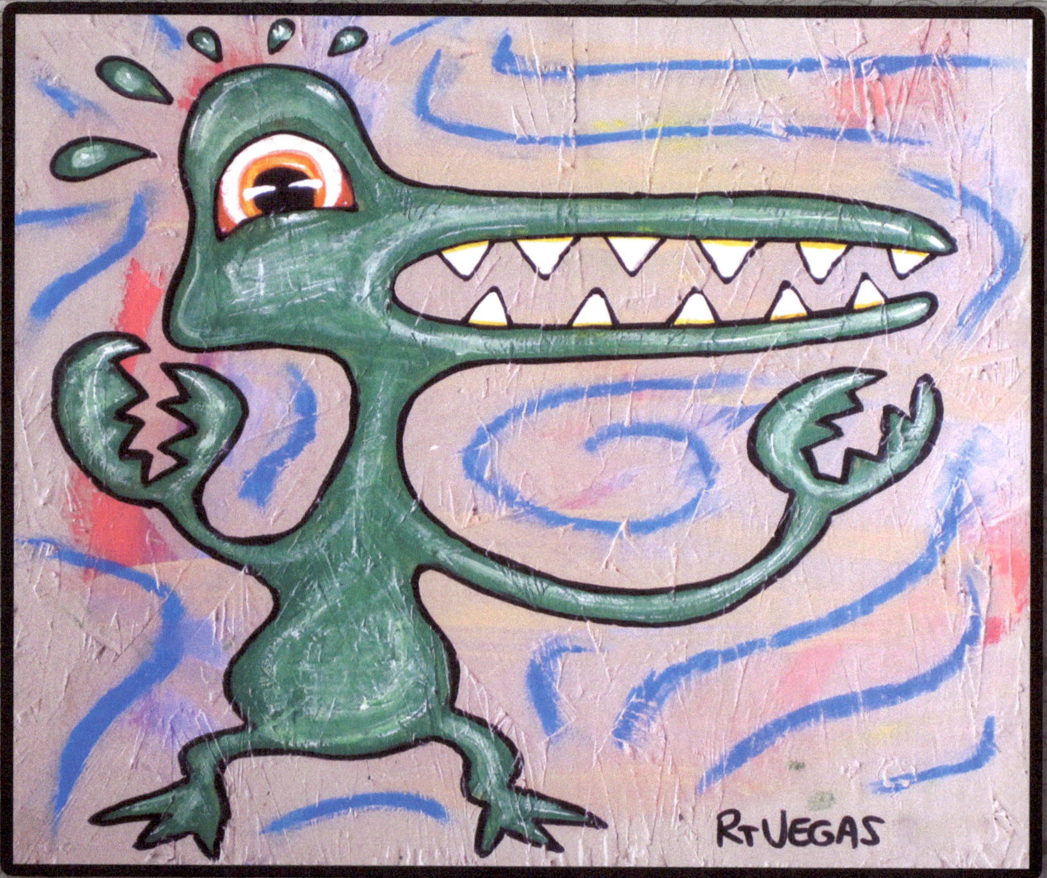
RtVEGAS

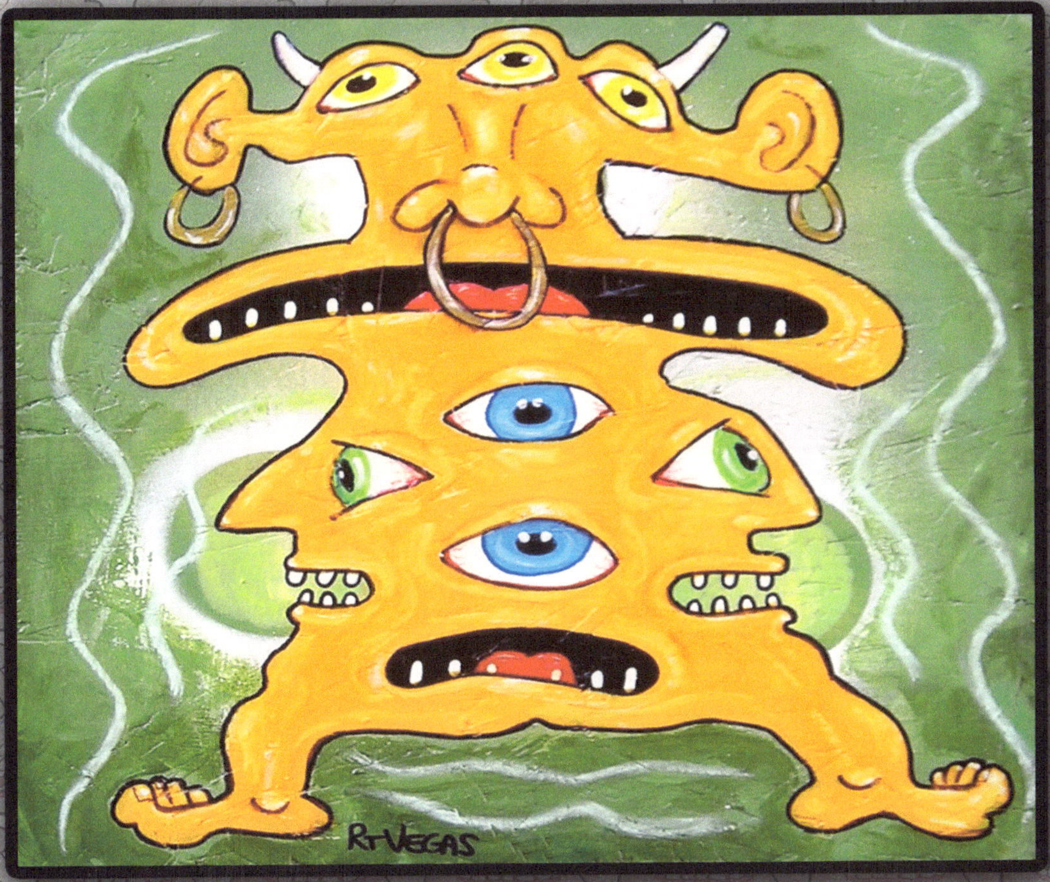
RT VEGAS

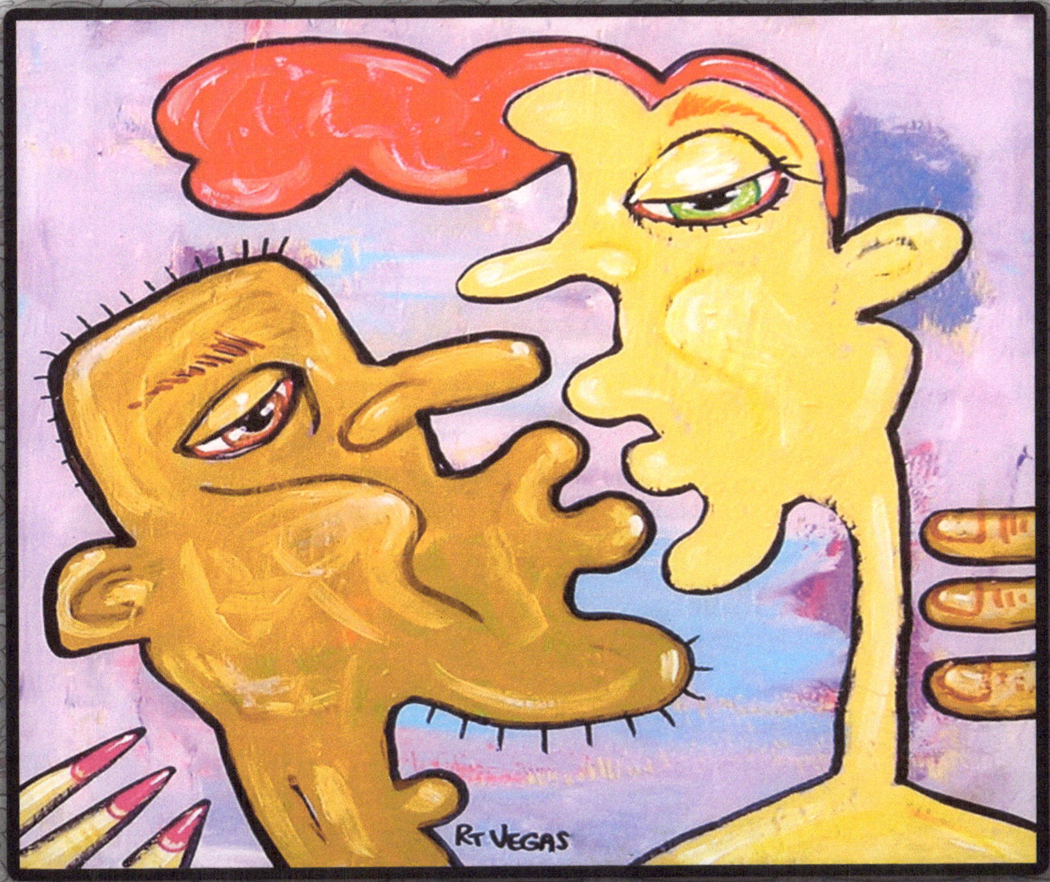
RT VEGAS

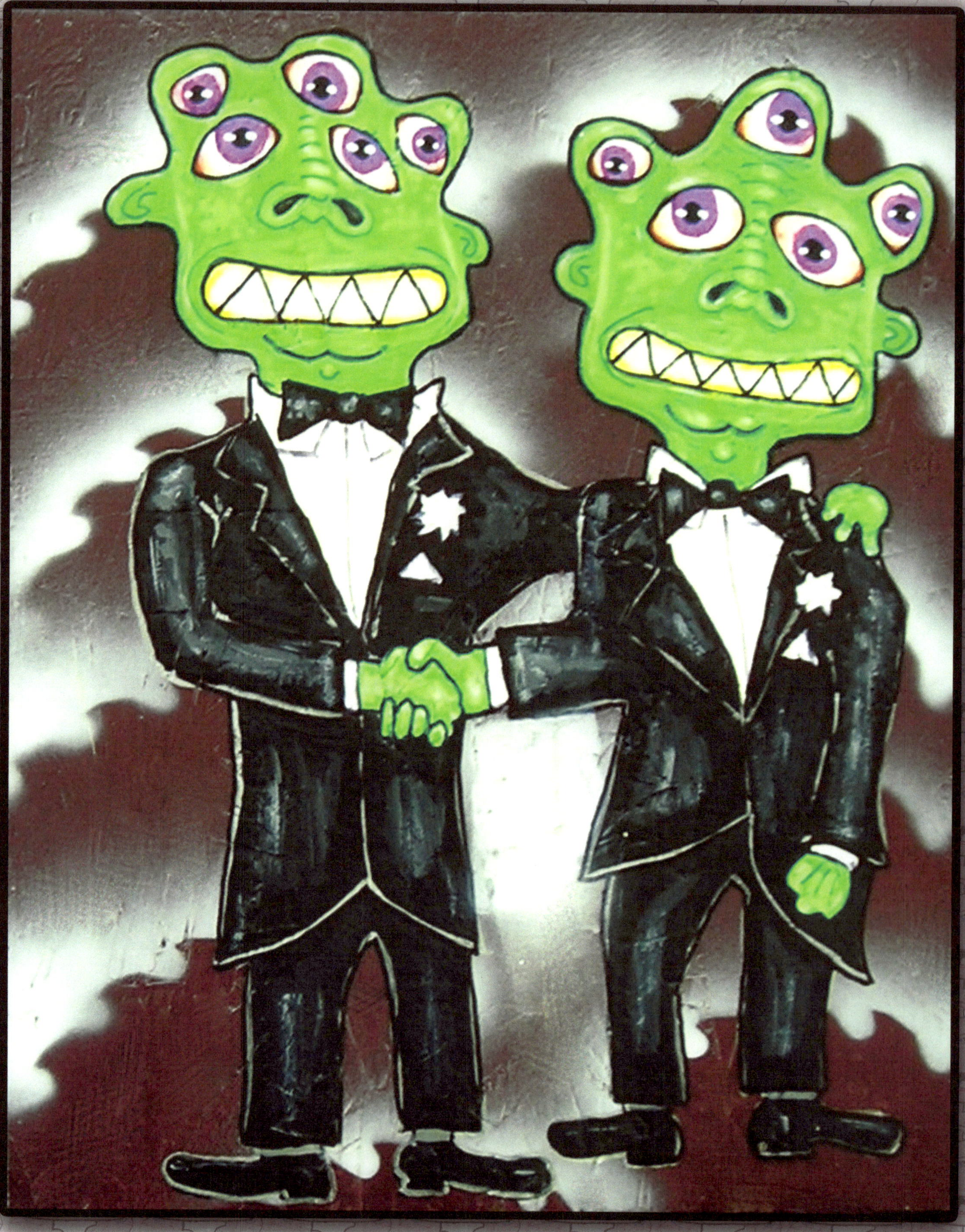

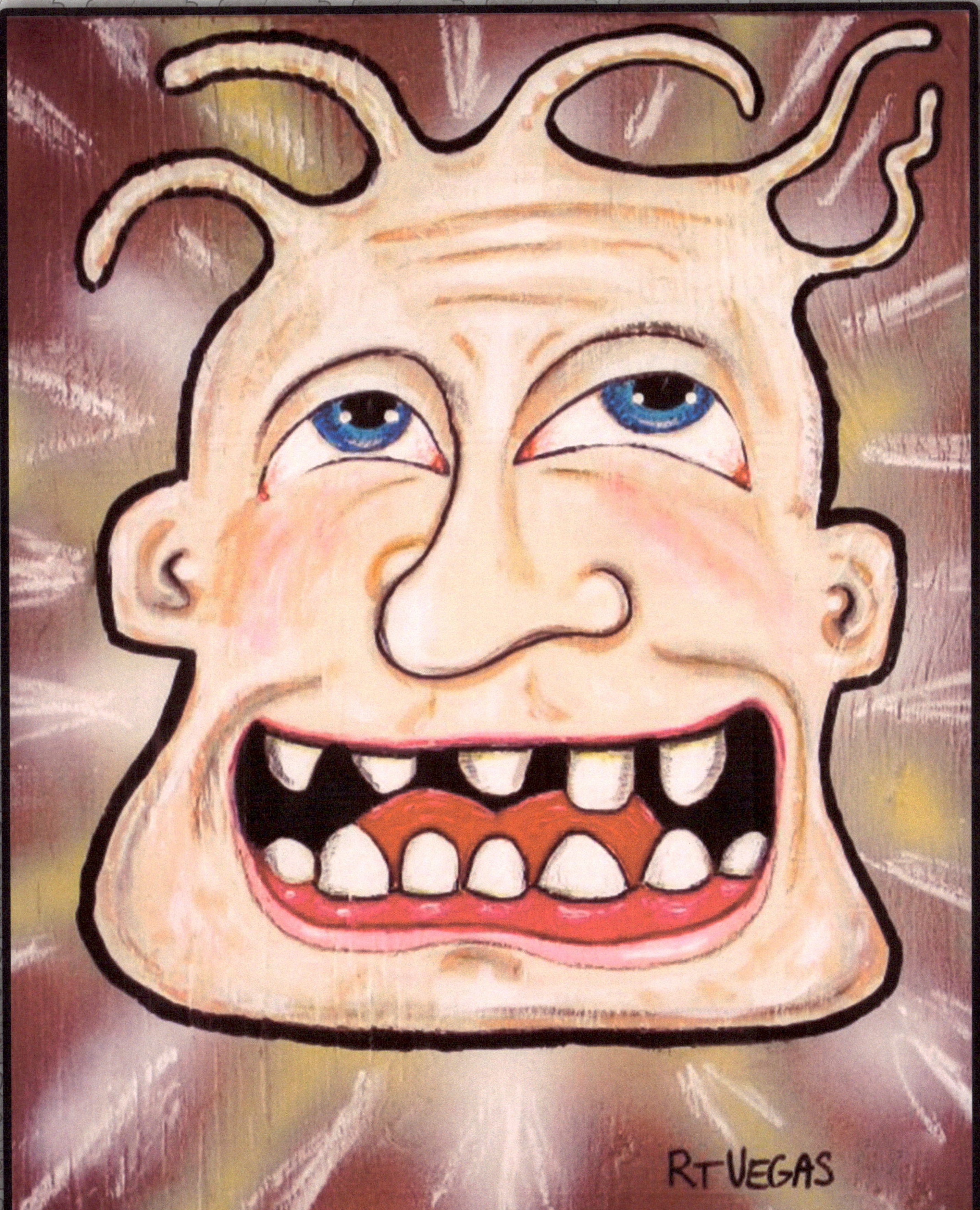
RT VEGAS

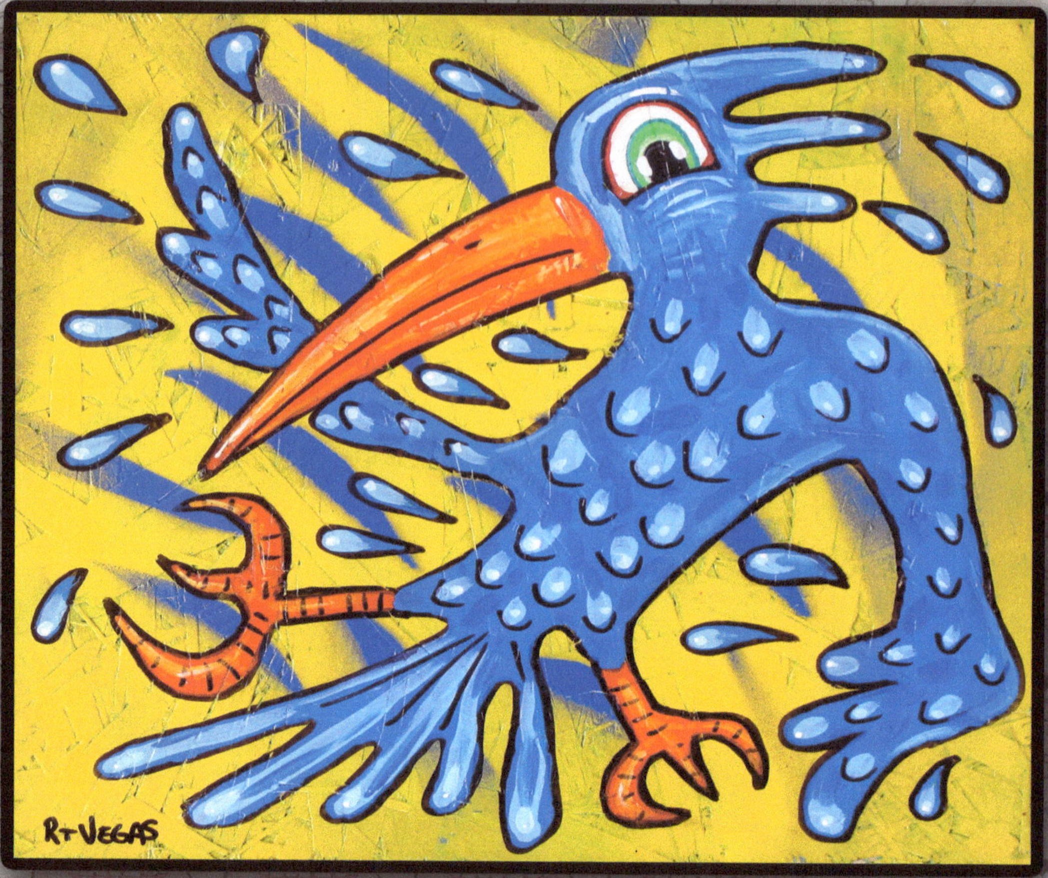
RT VEGAS

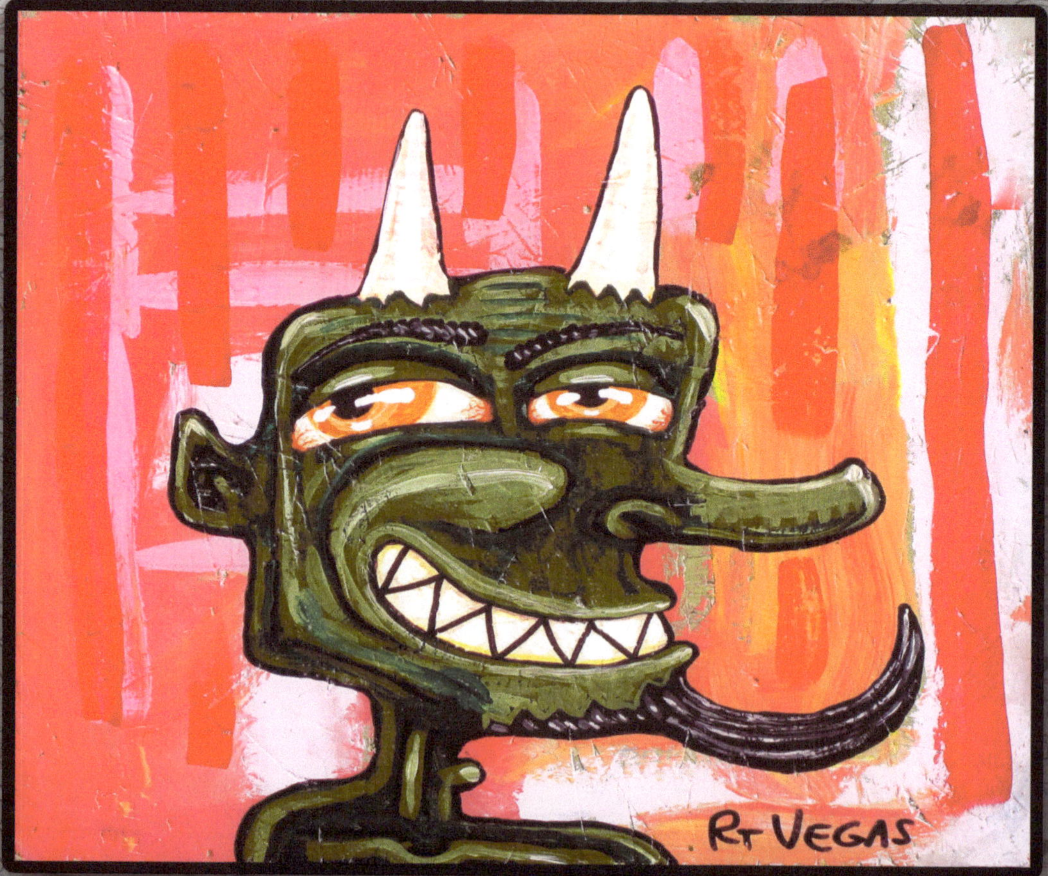
RT VEGAS

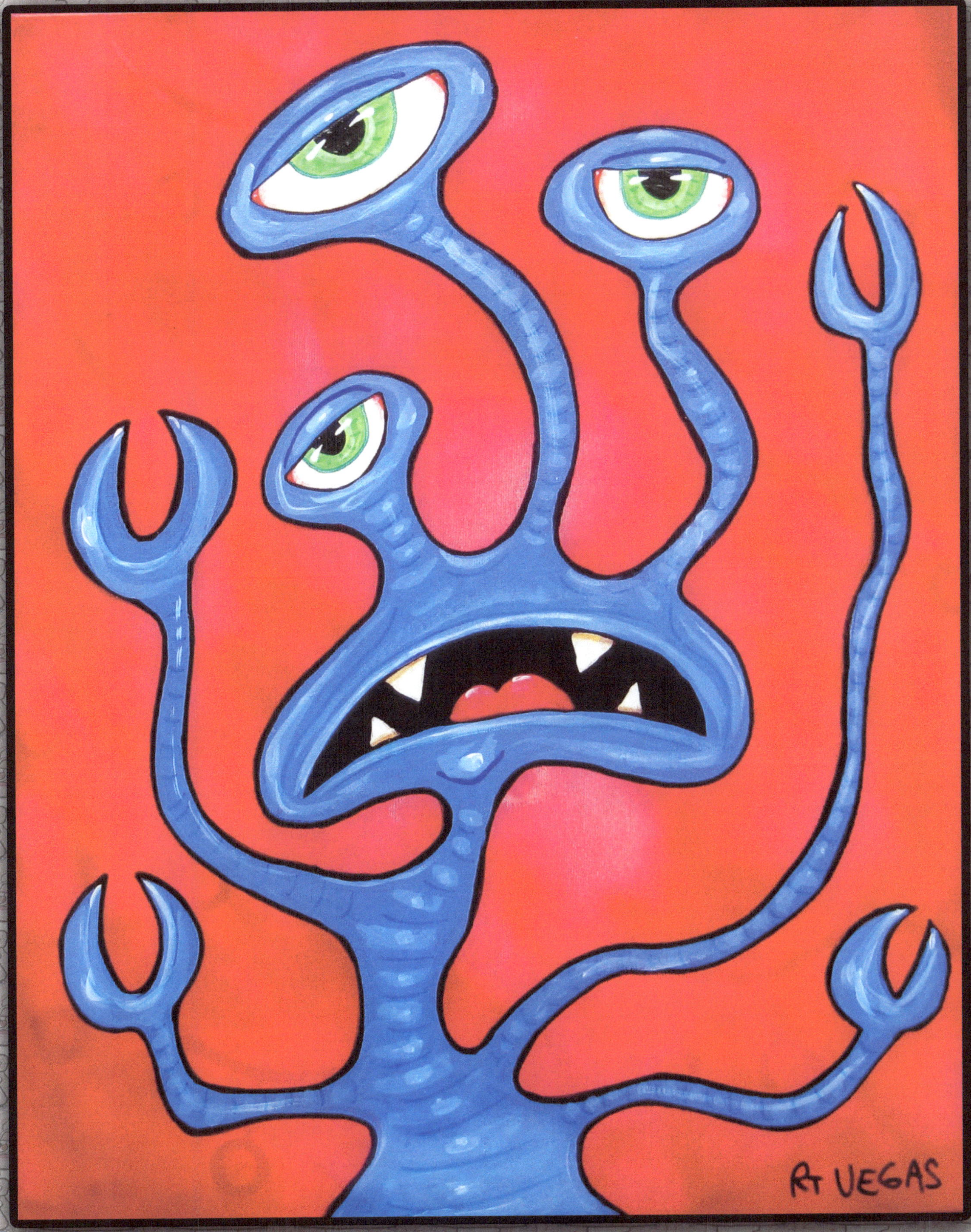
RT VEGAS

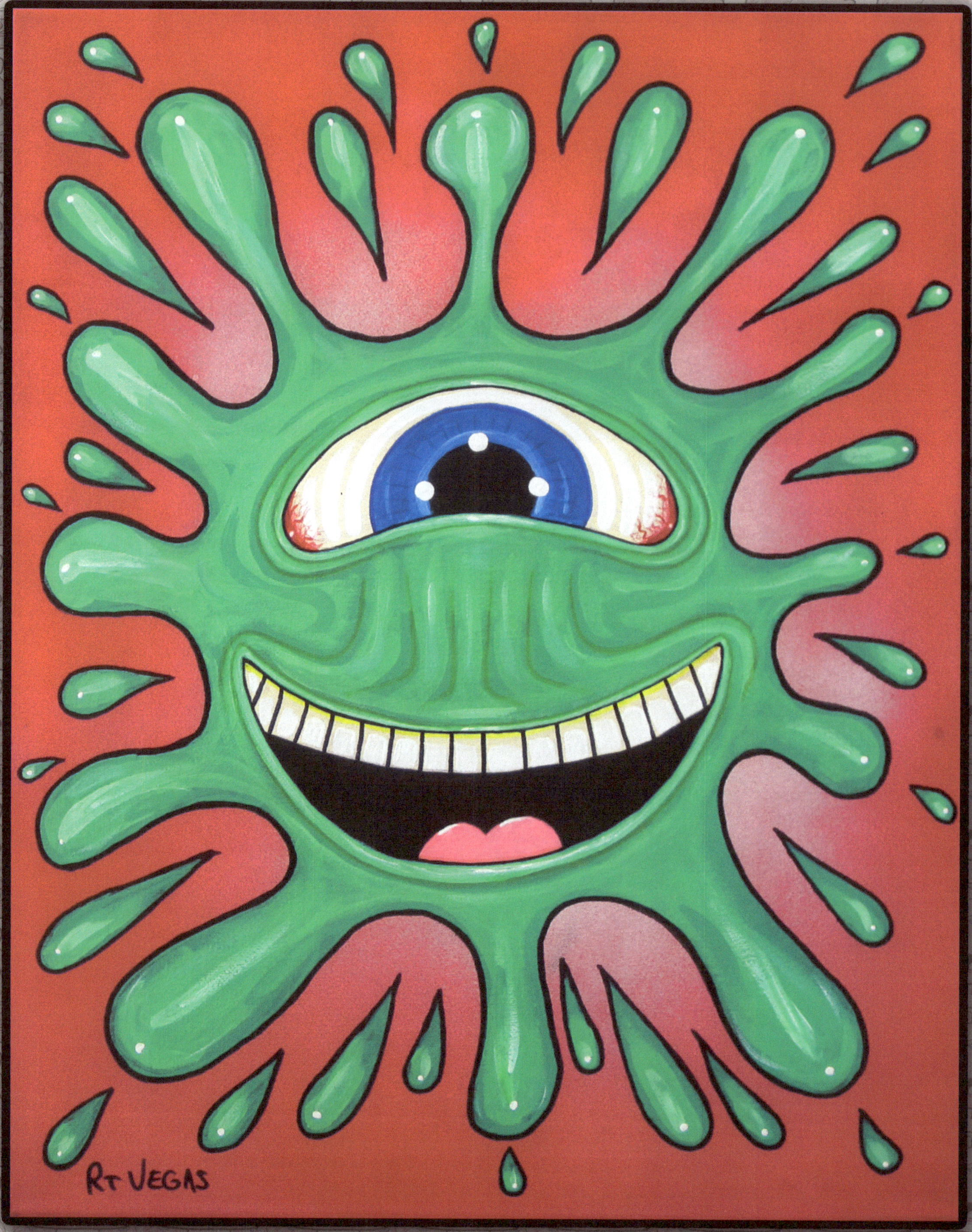

RT VEGAS

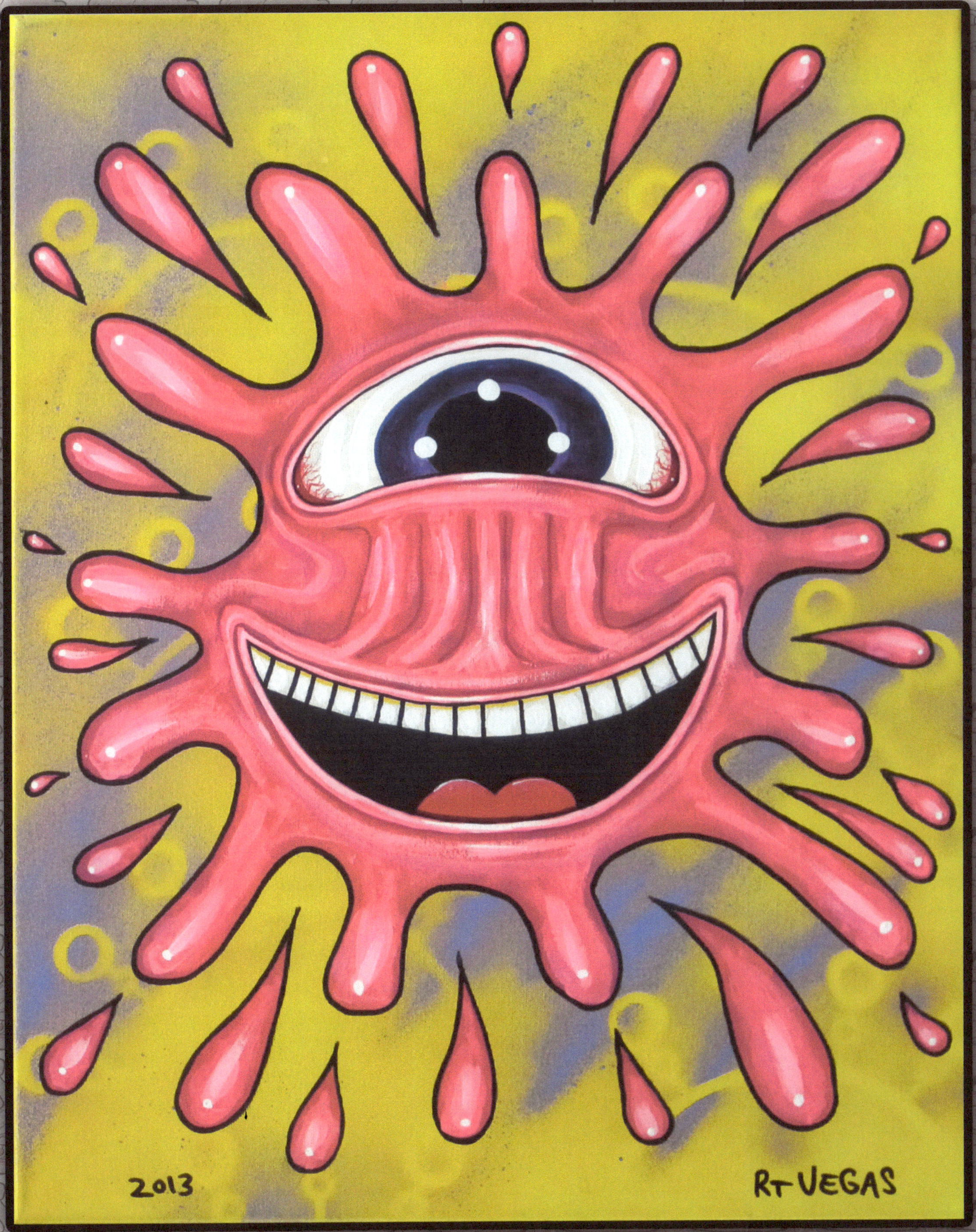
2013
RT VEGAS

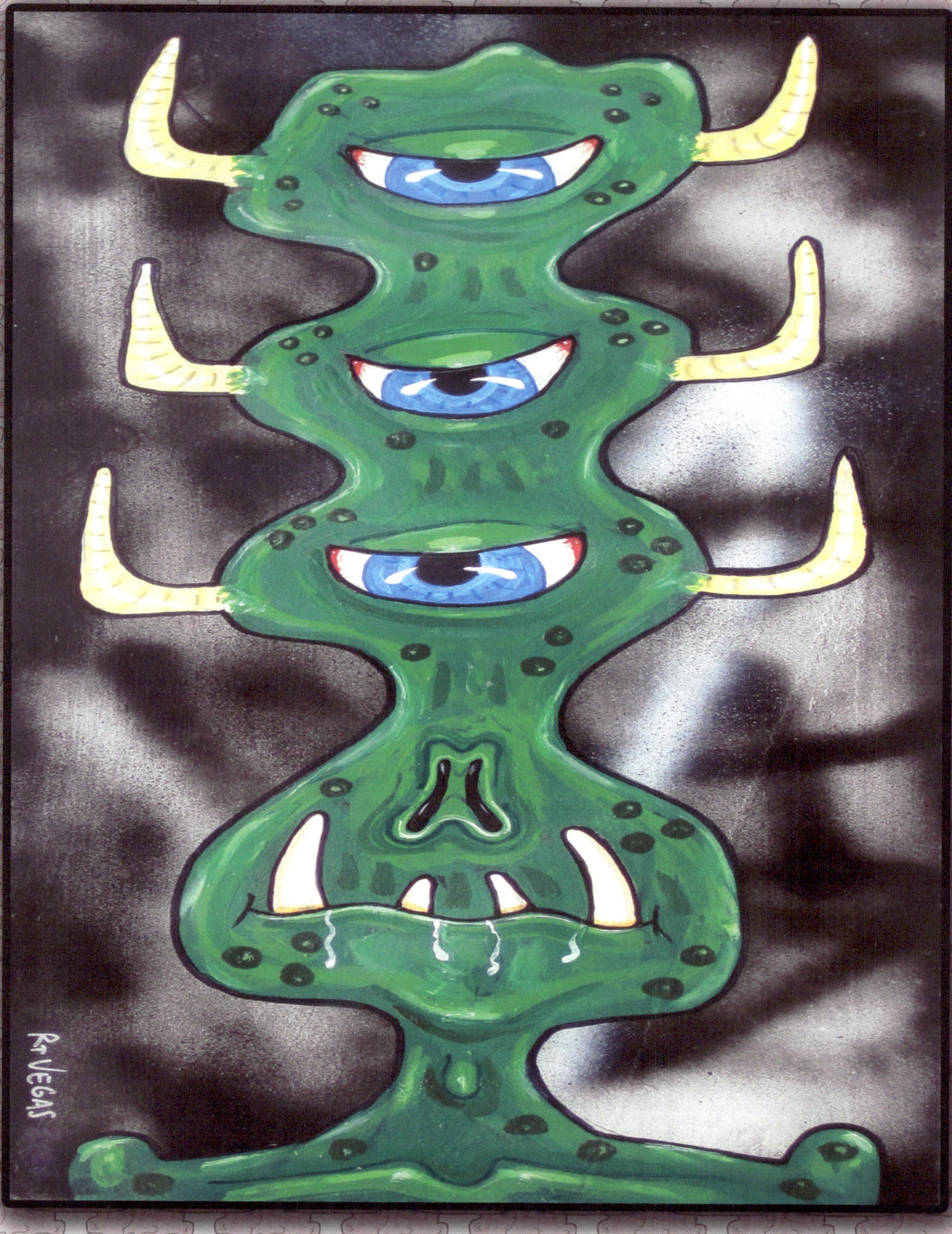
RT VEGAS

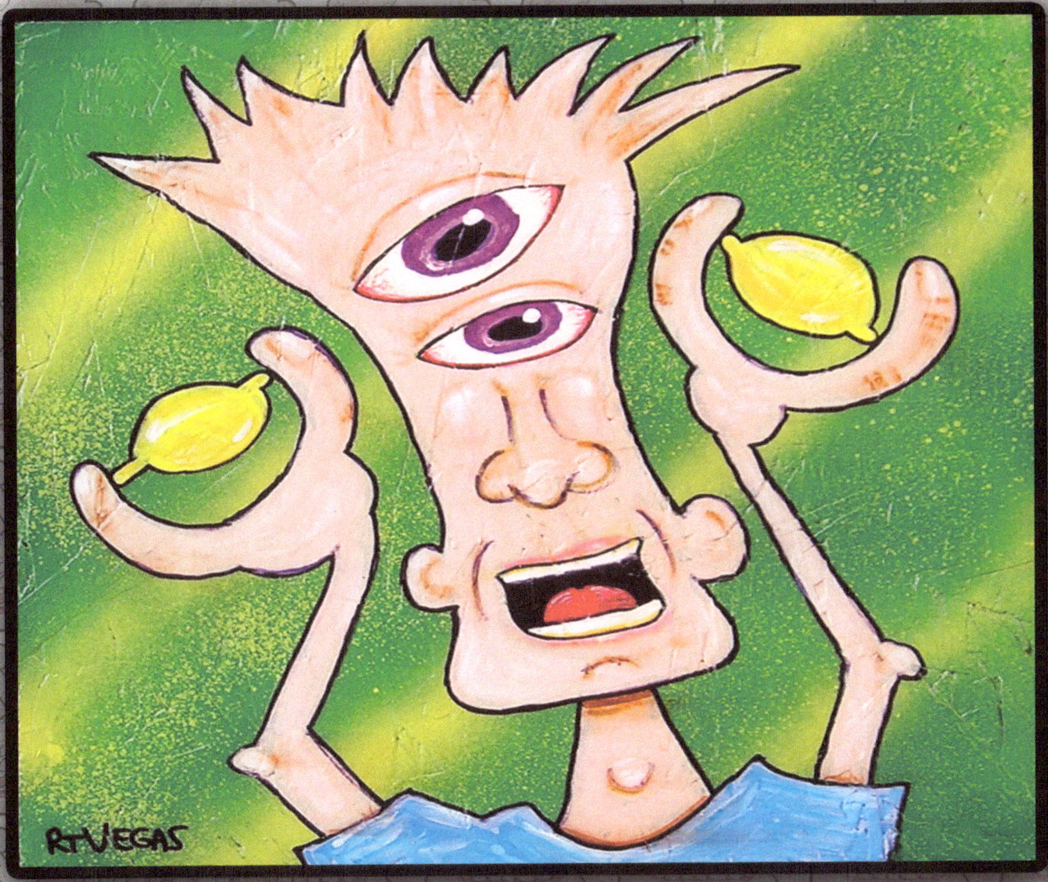
RT VEGAS

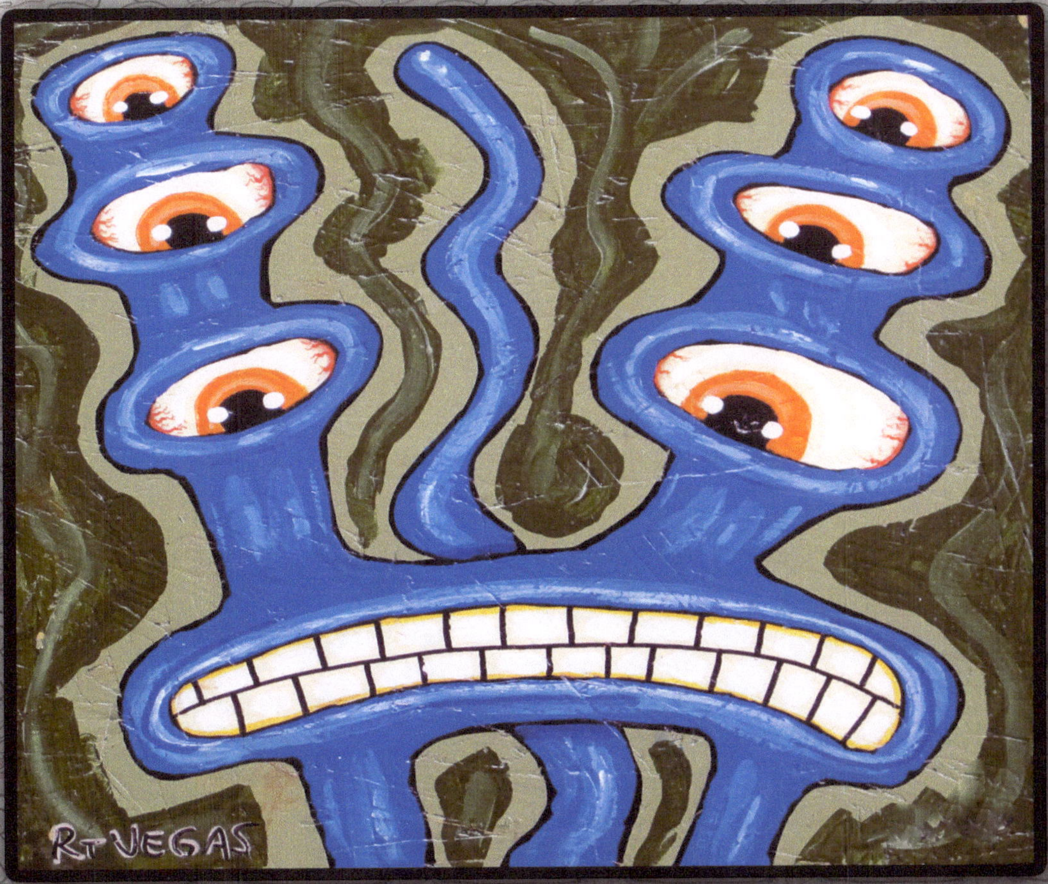
RT VEGAS

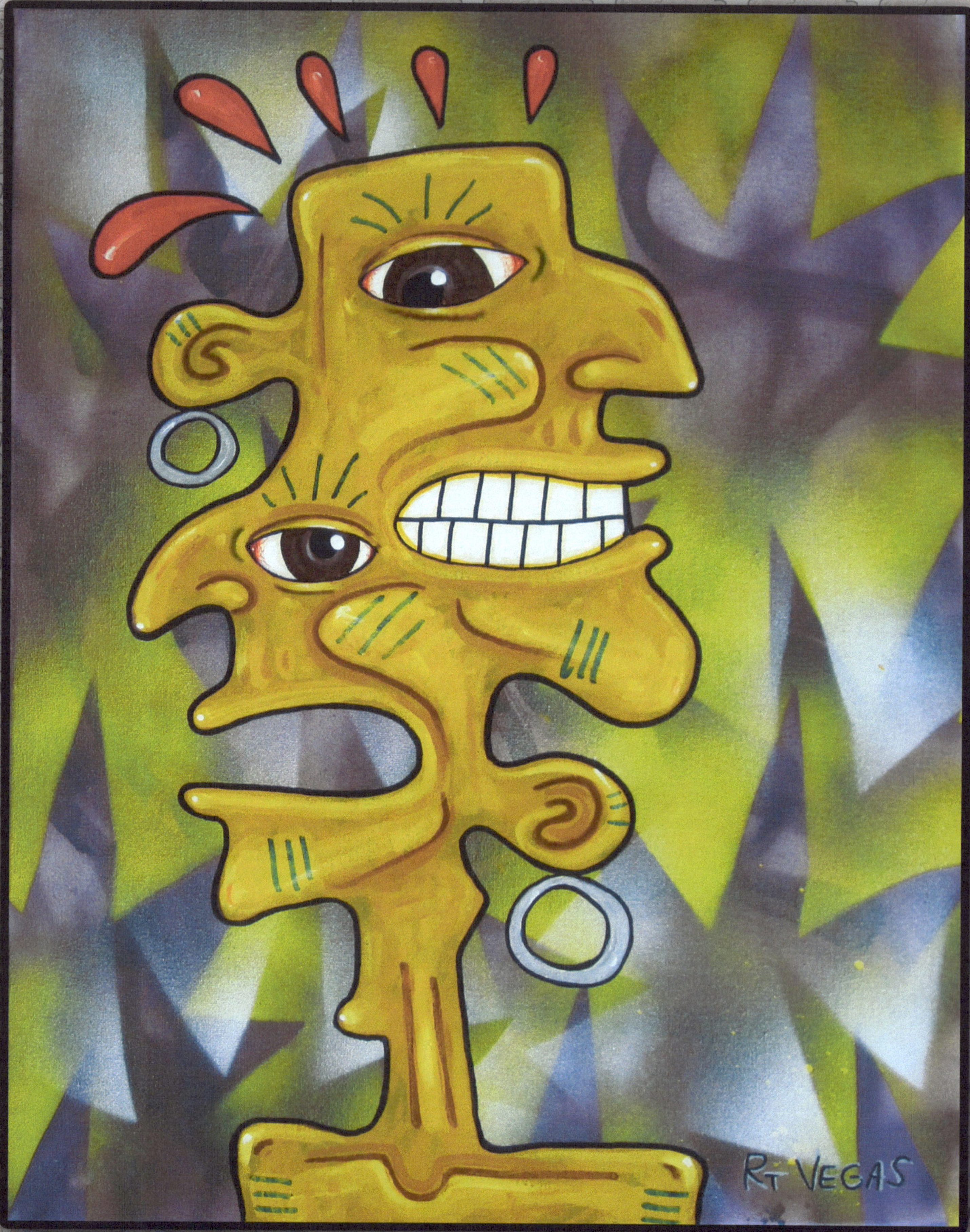
RT VEGAS

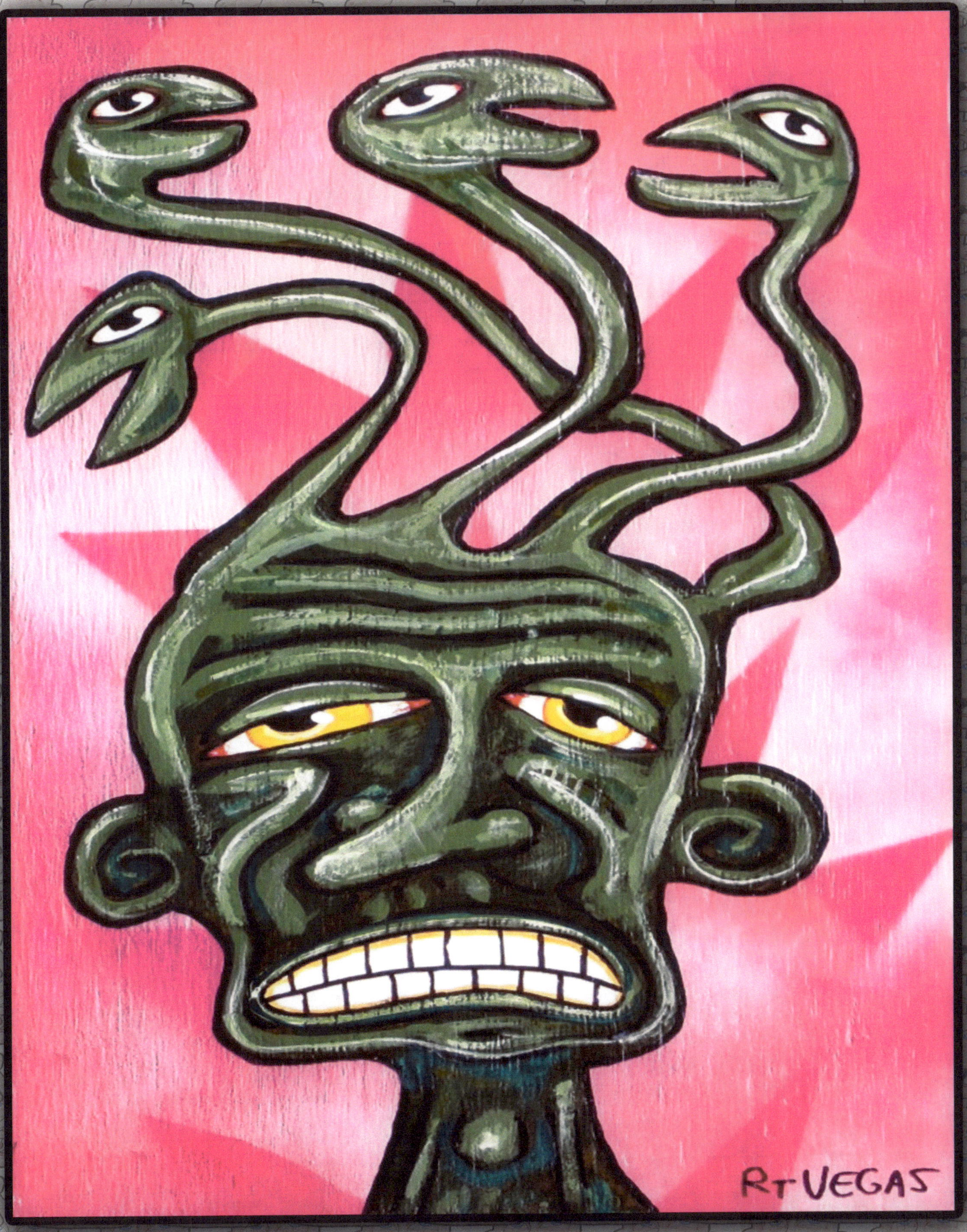
RT VEGAS

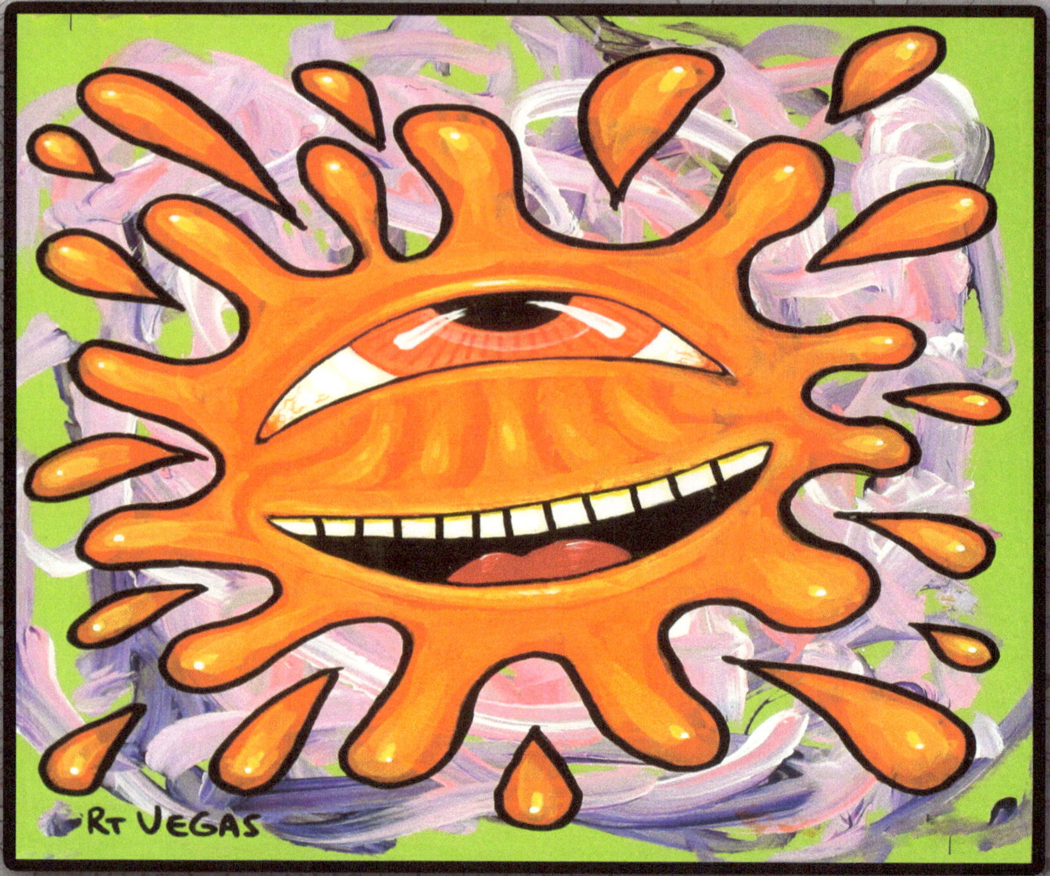
RT VEGAS

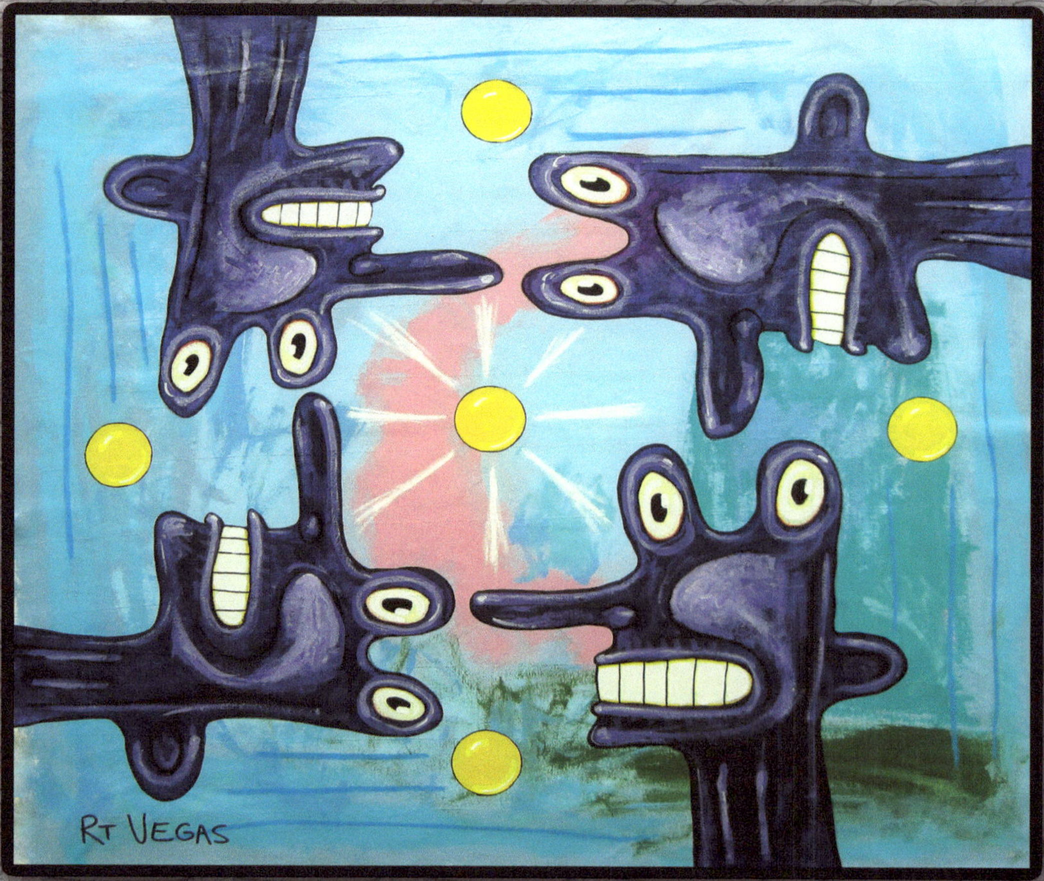
RT VEGAS

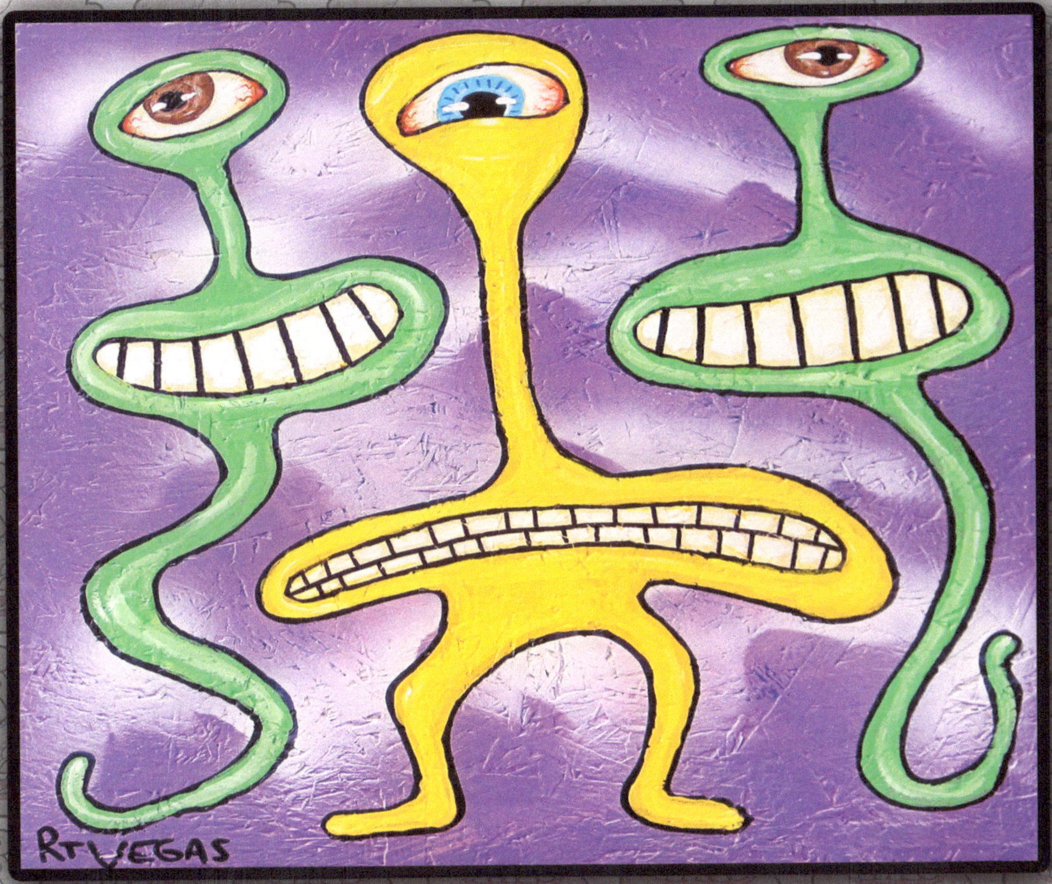
RT VEGAS

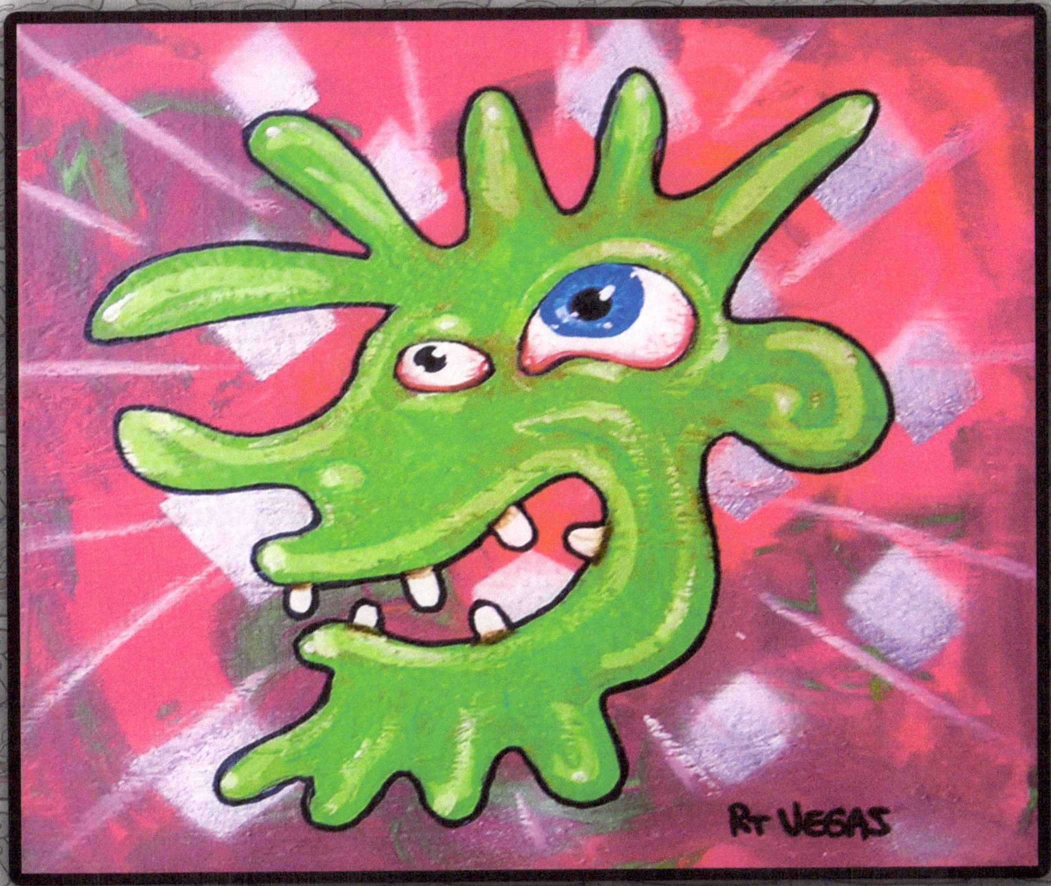
RT VEGAS

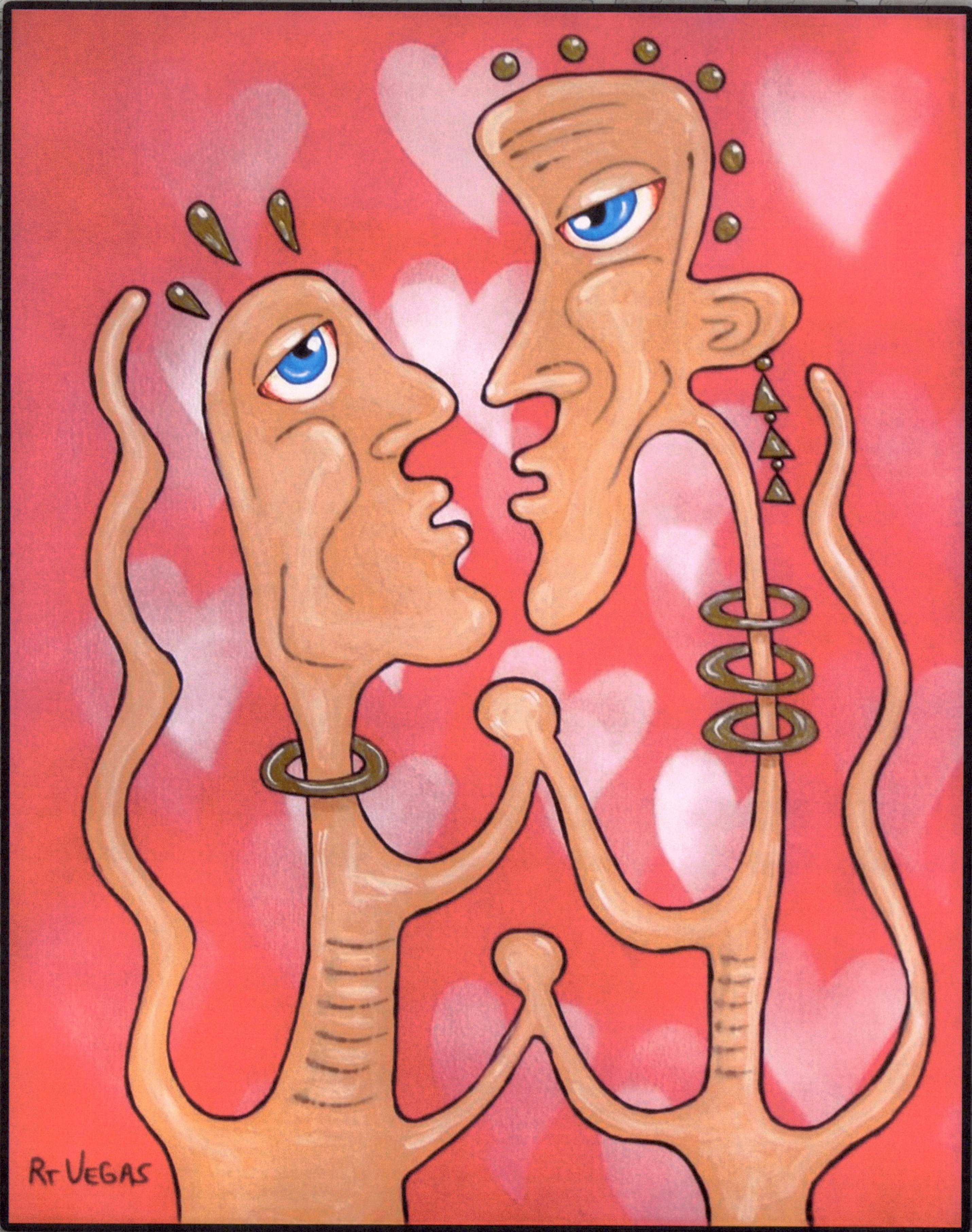
RT VEGAS

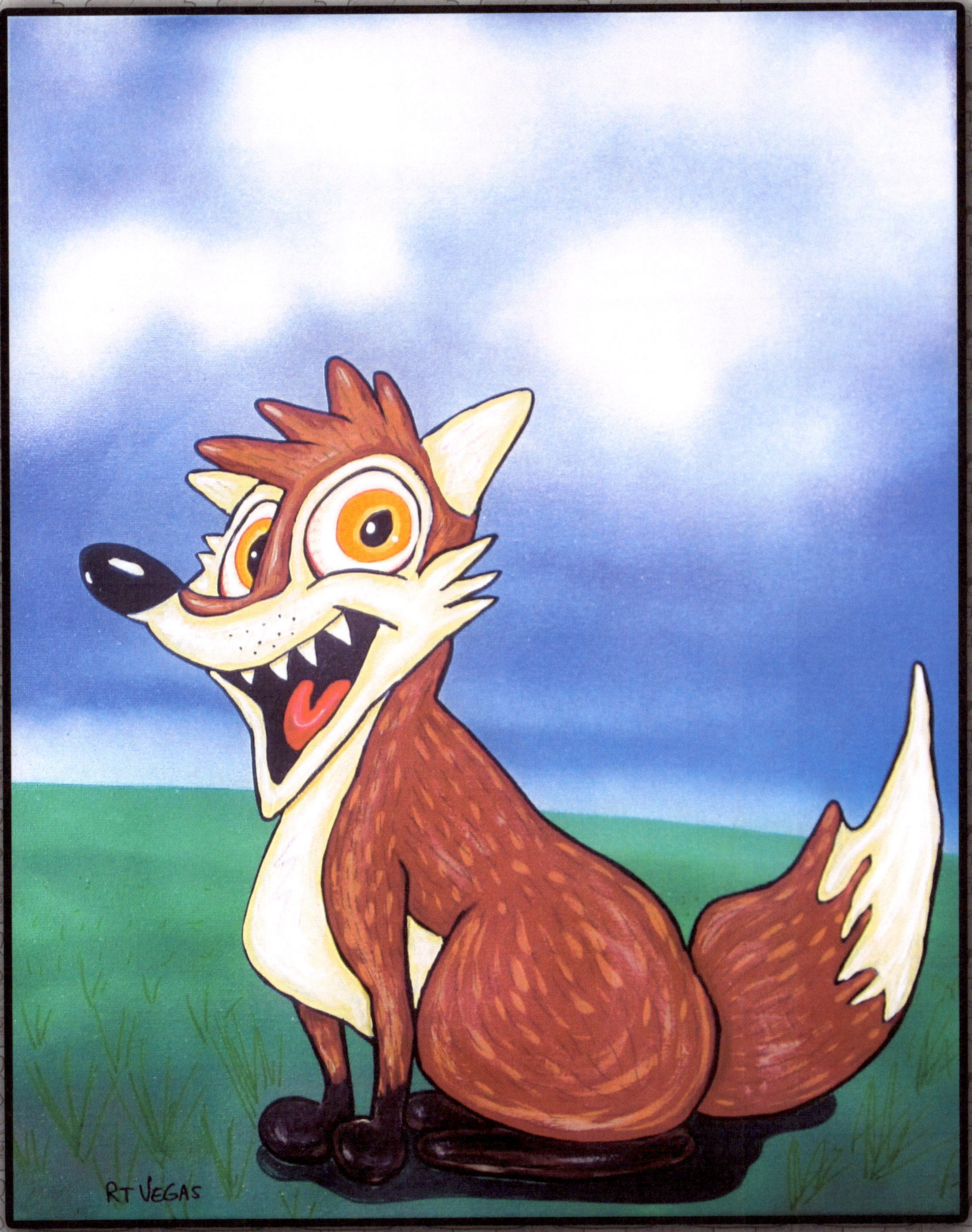
RT VEGAS

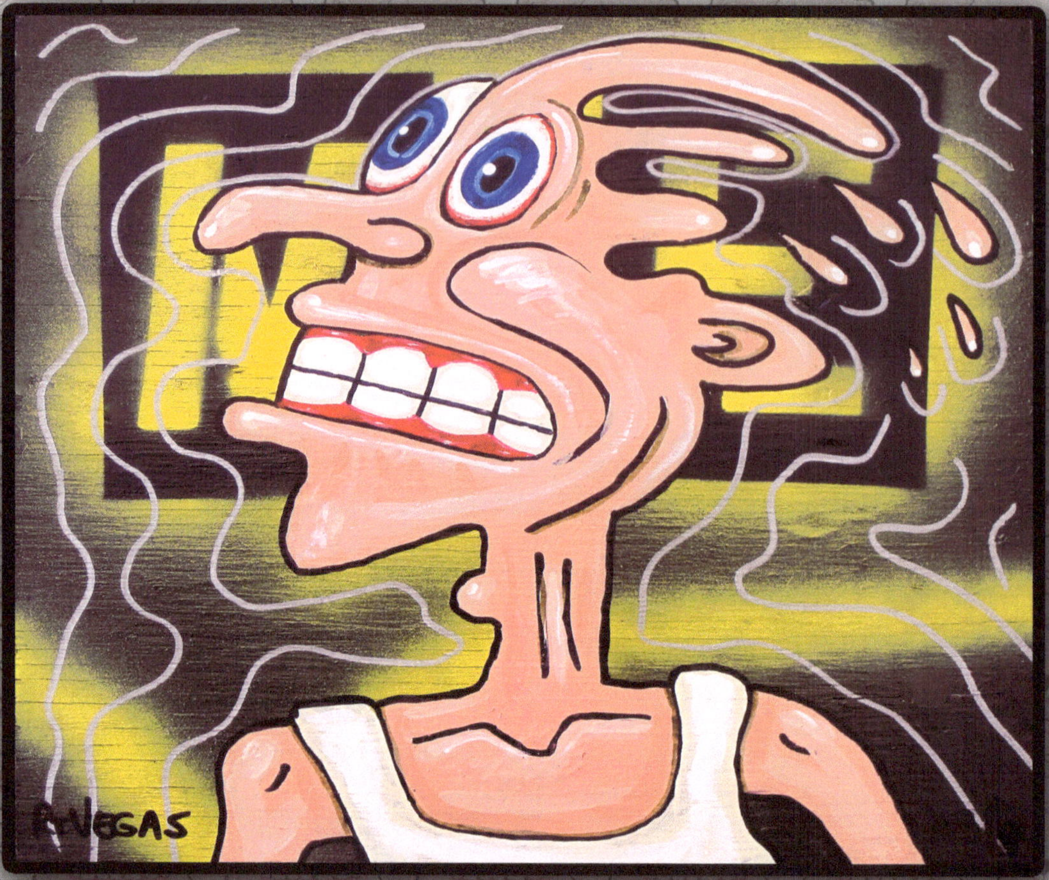

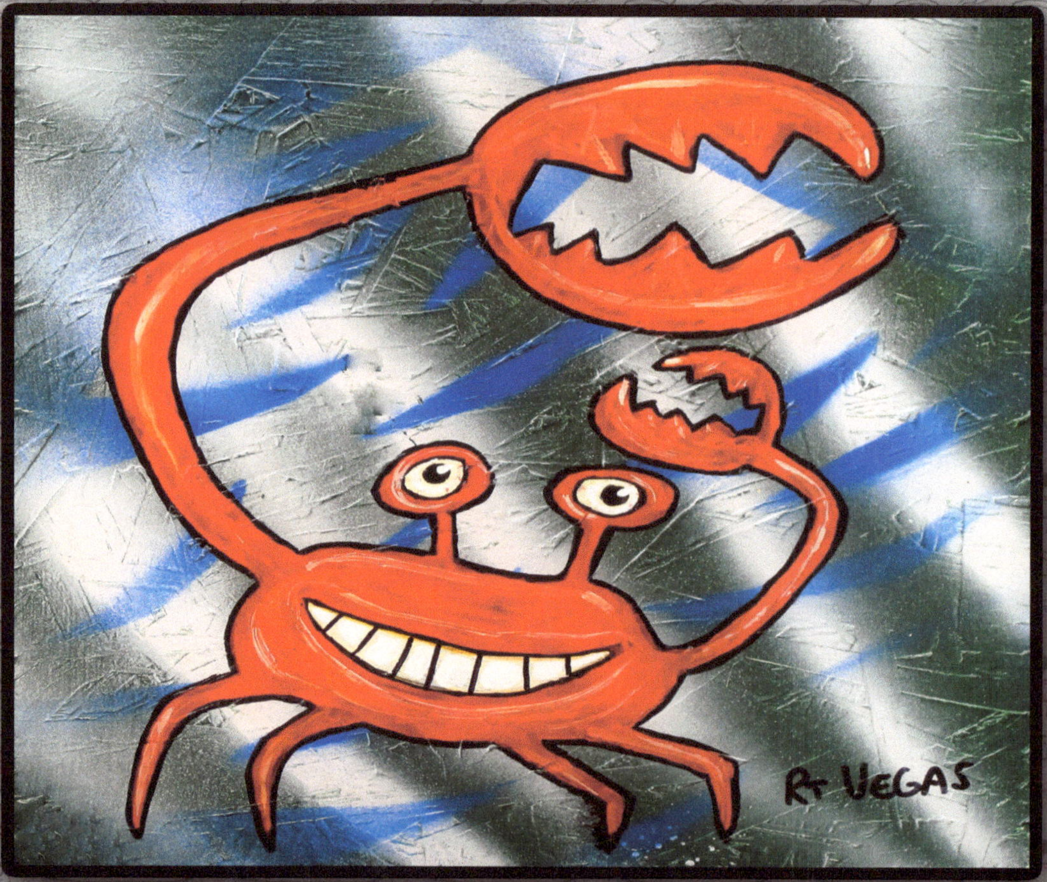

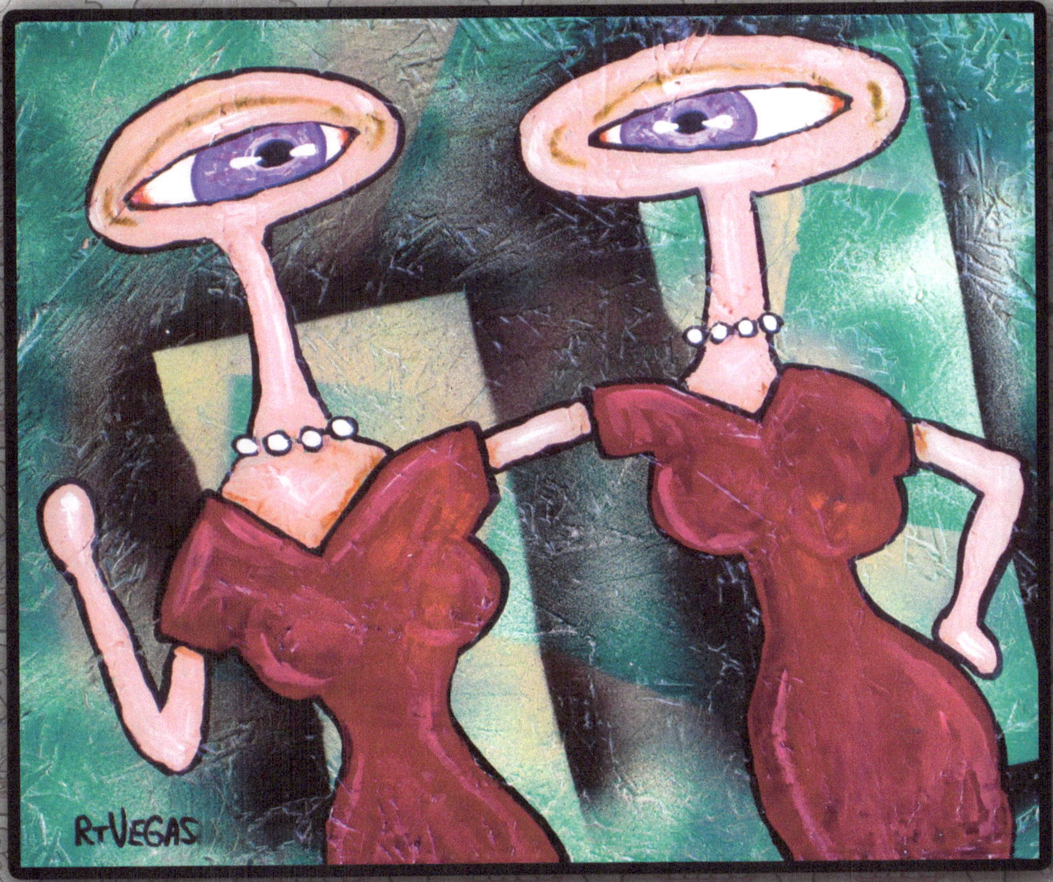
RtVEGAS

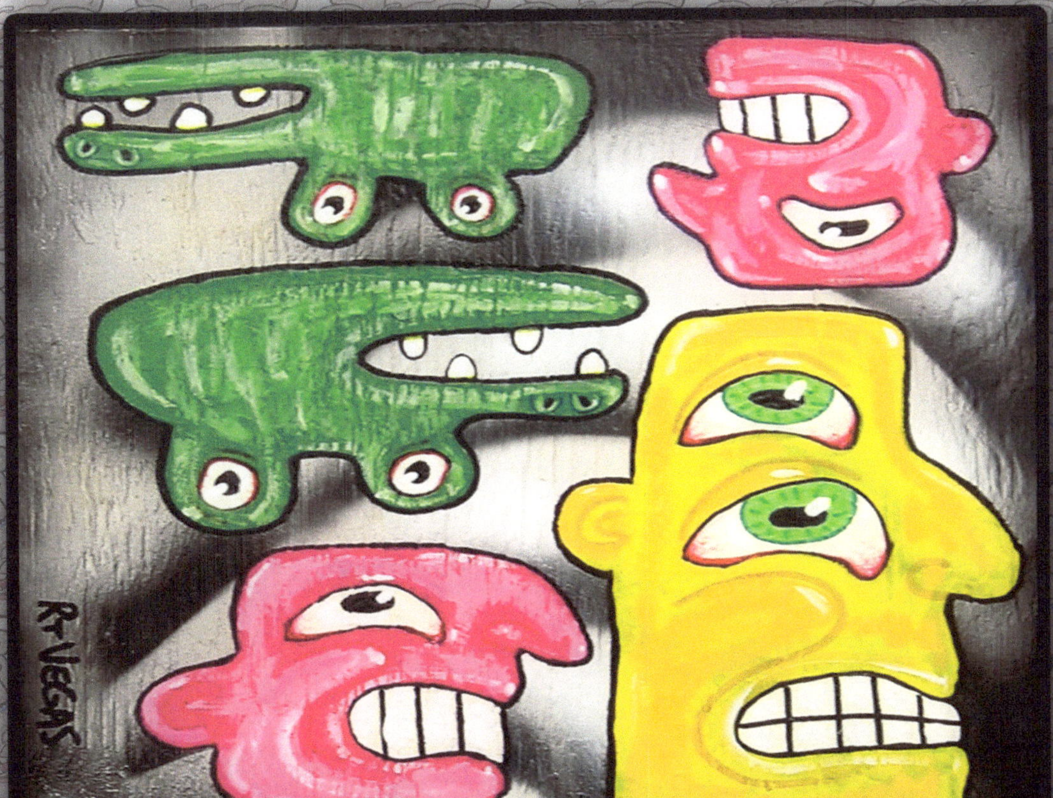
RtVEGAS

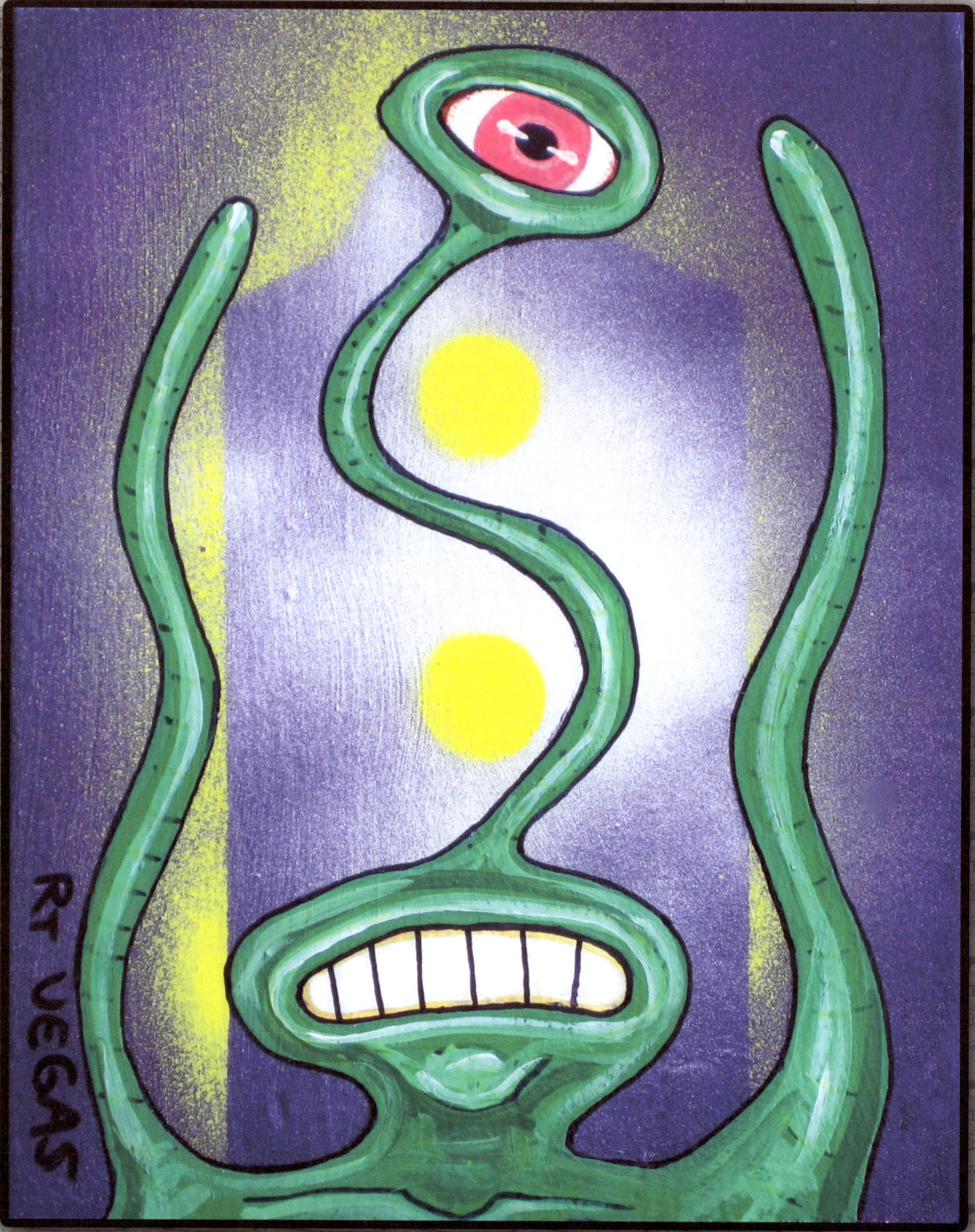
RT VEGAS

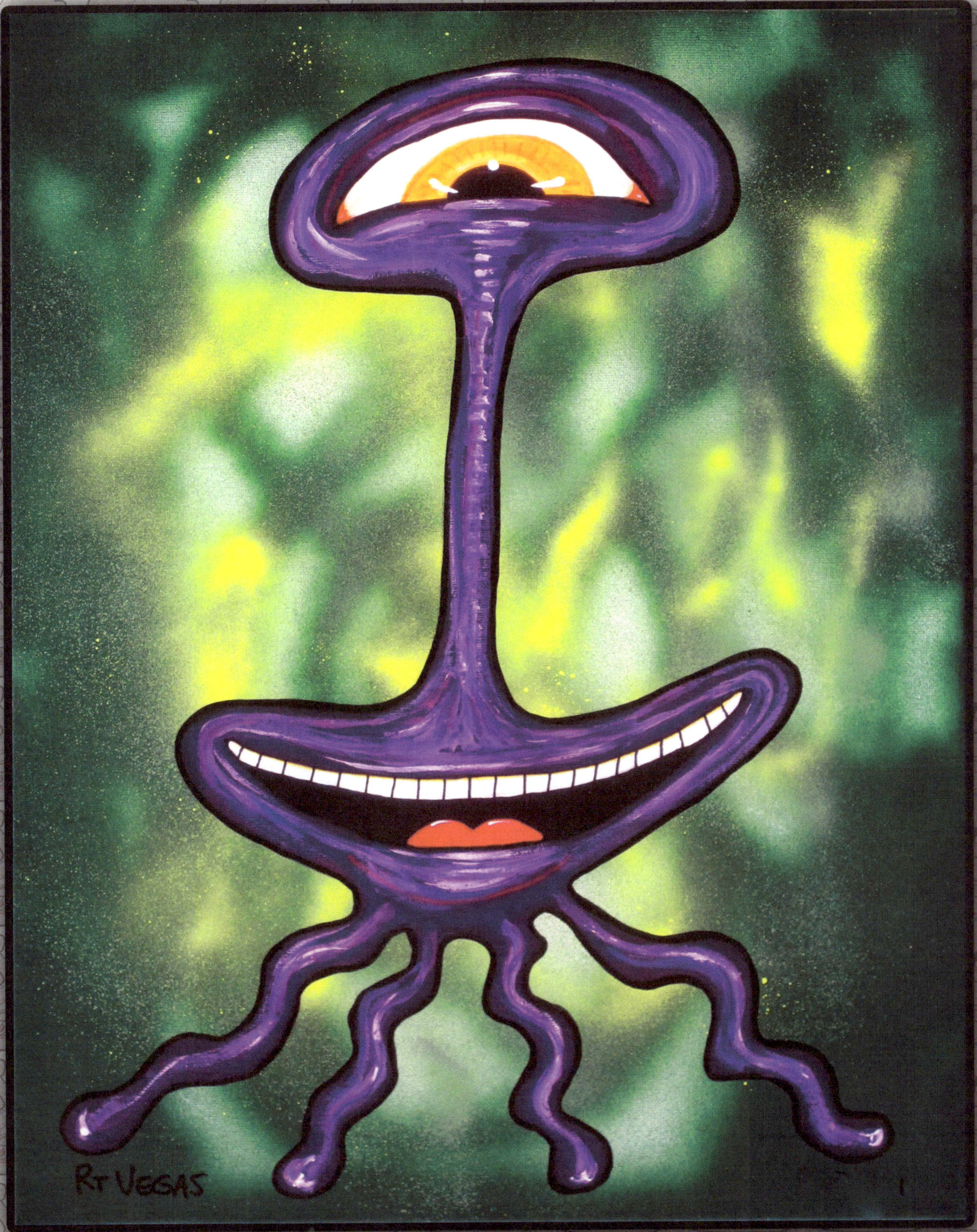
RT VEGAS

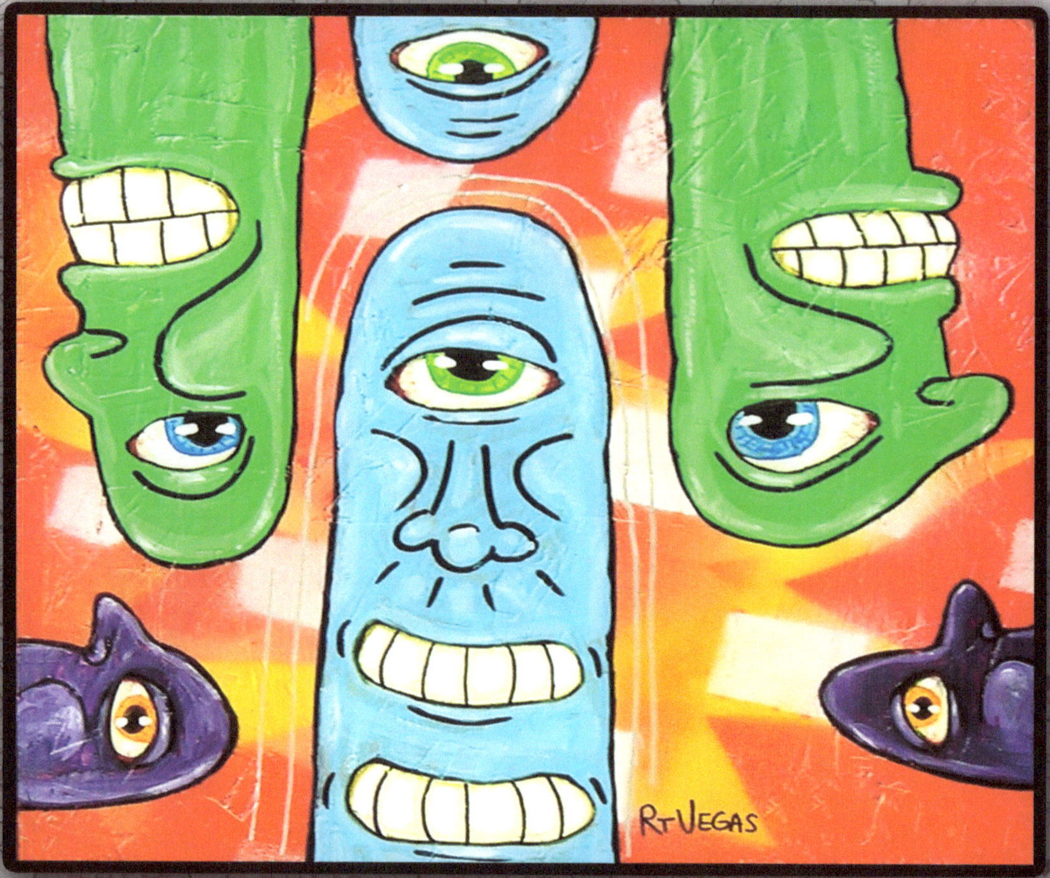
RtVEGAS

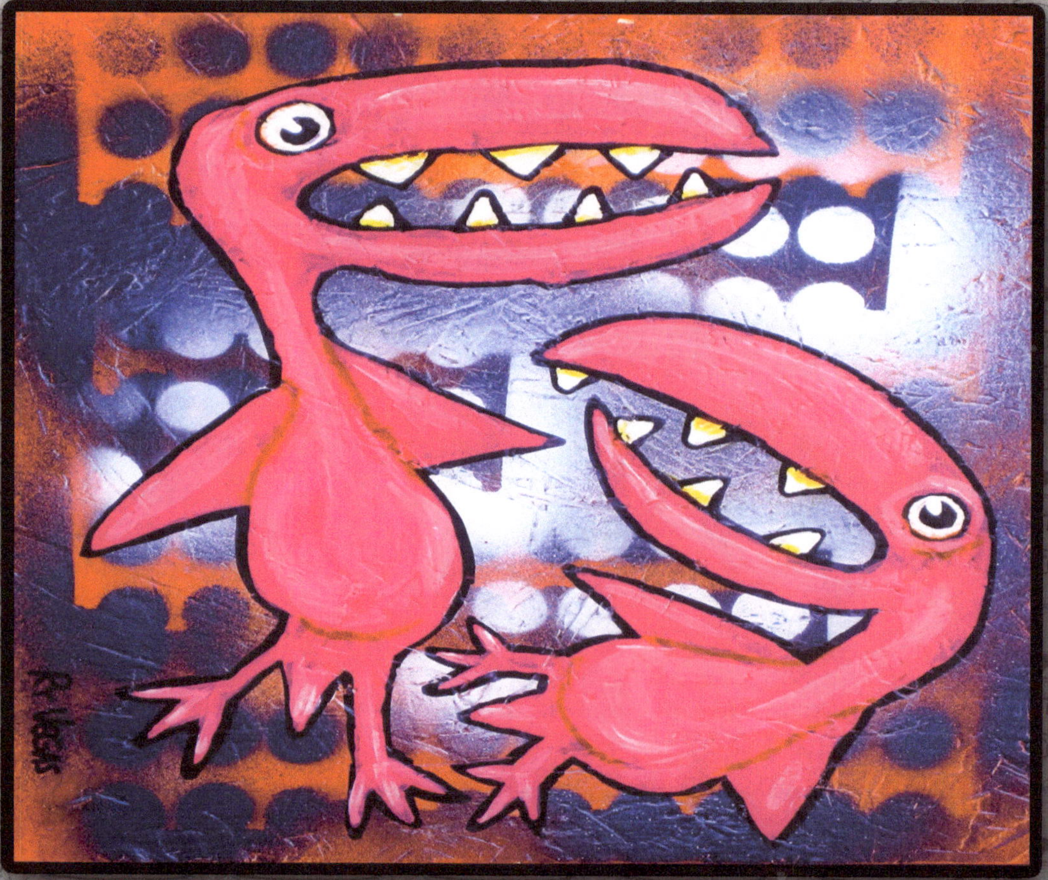
RtVEGAS

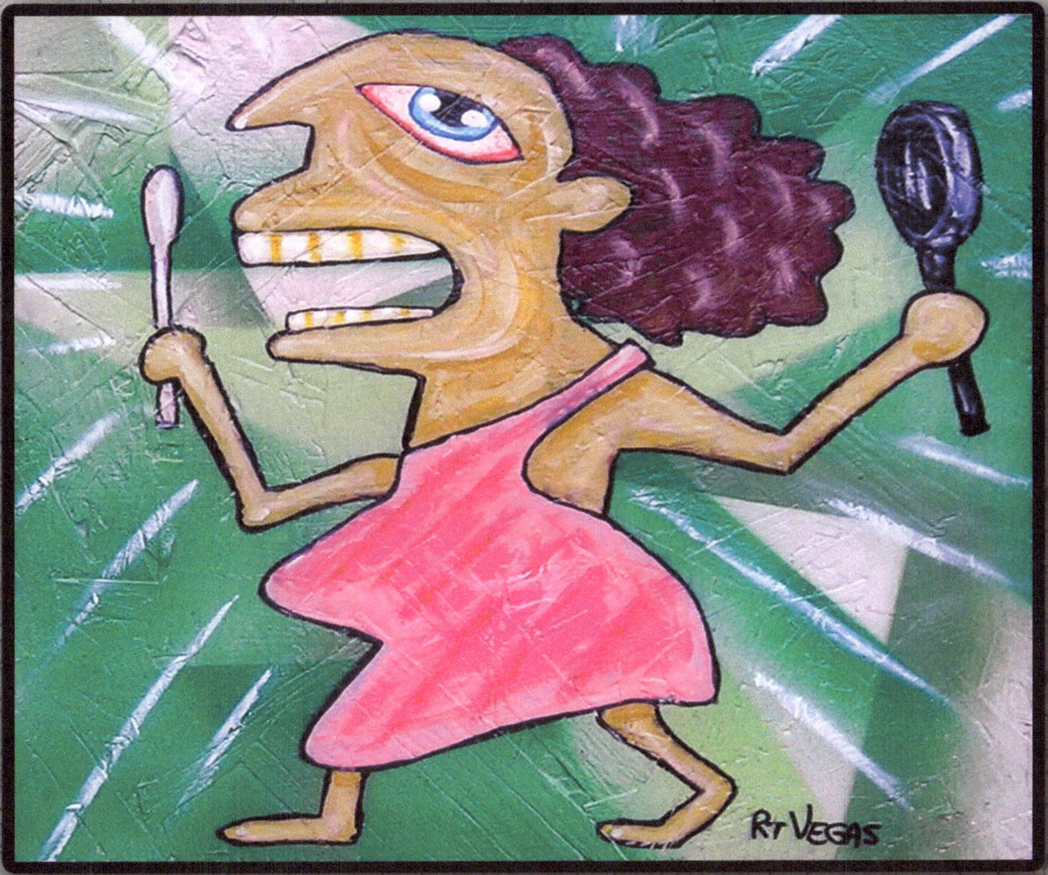
RT VEGAS

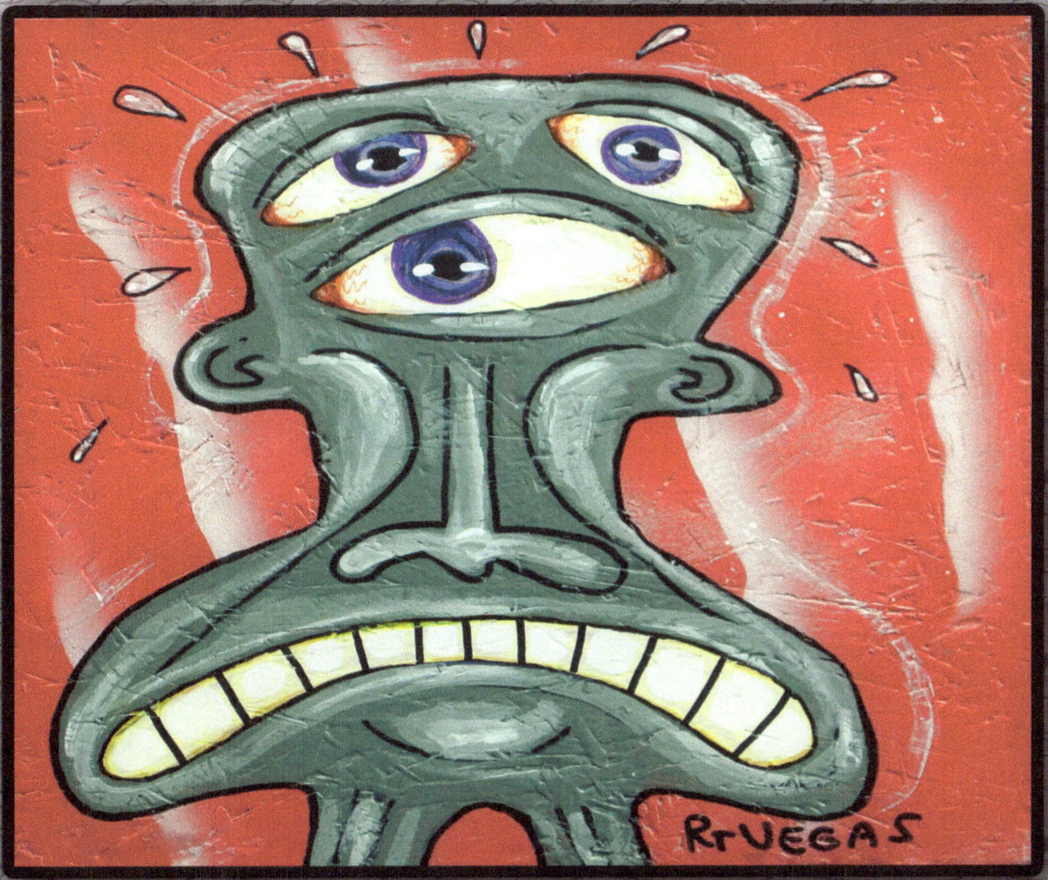
RT VEGAS

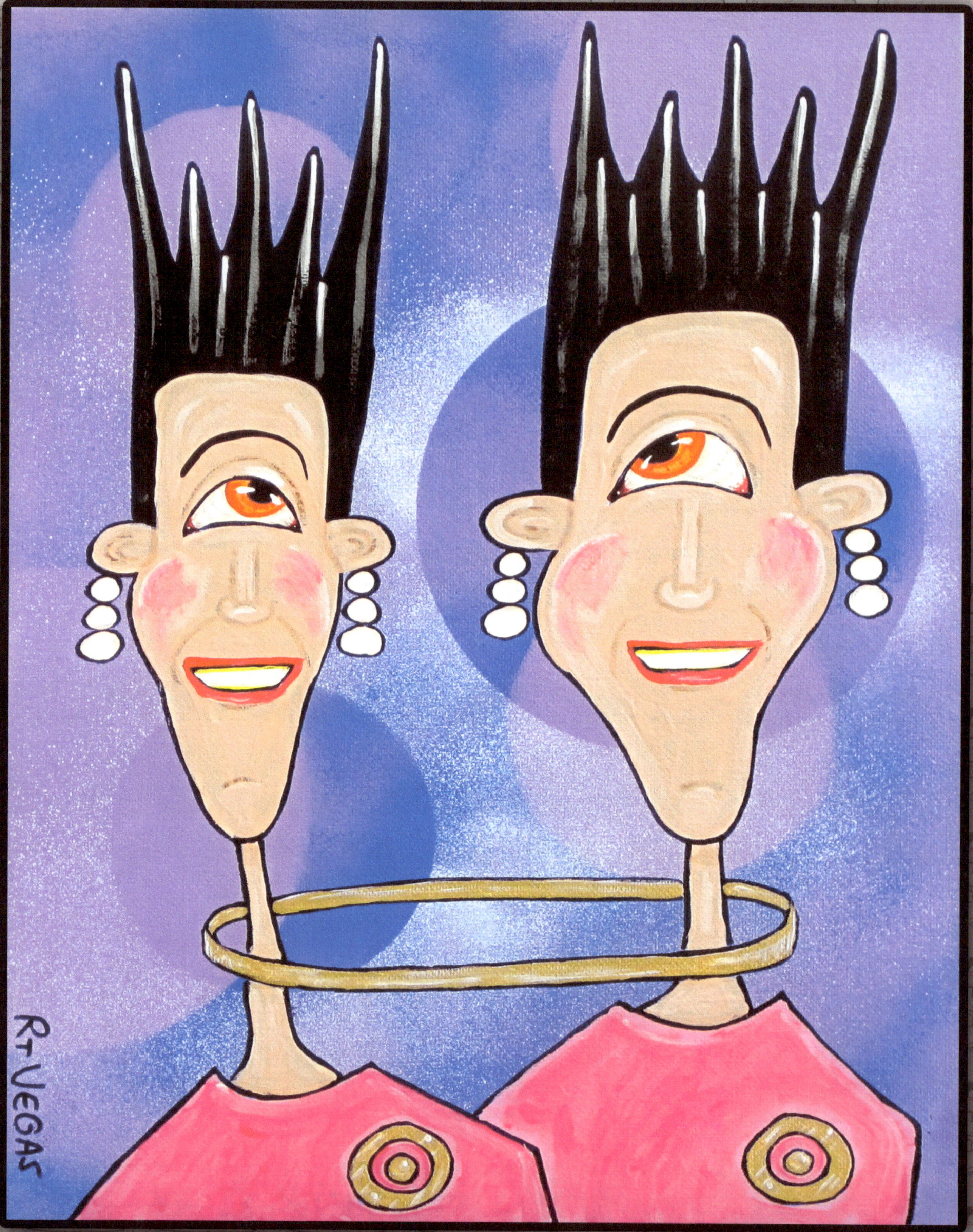
Rt VEGAS

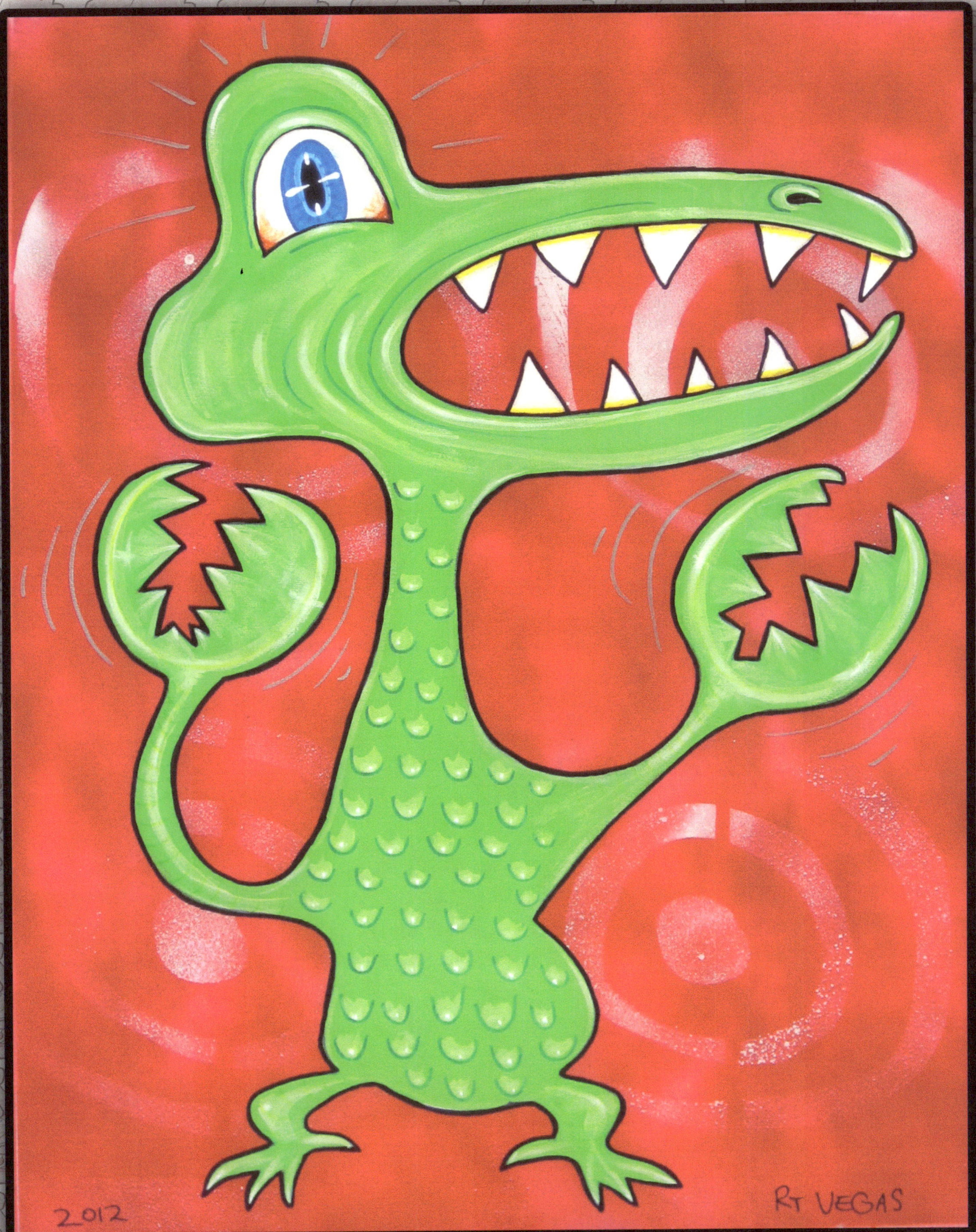
2012
RT VEGAS

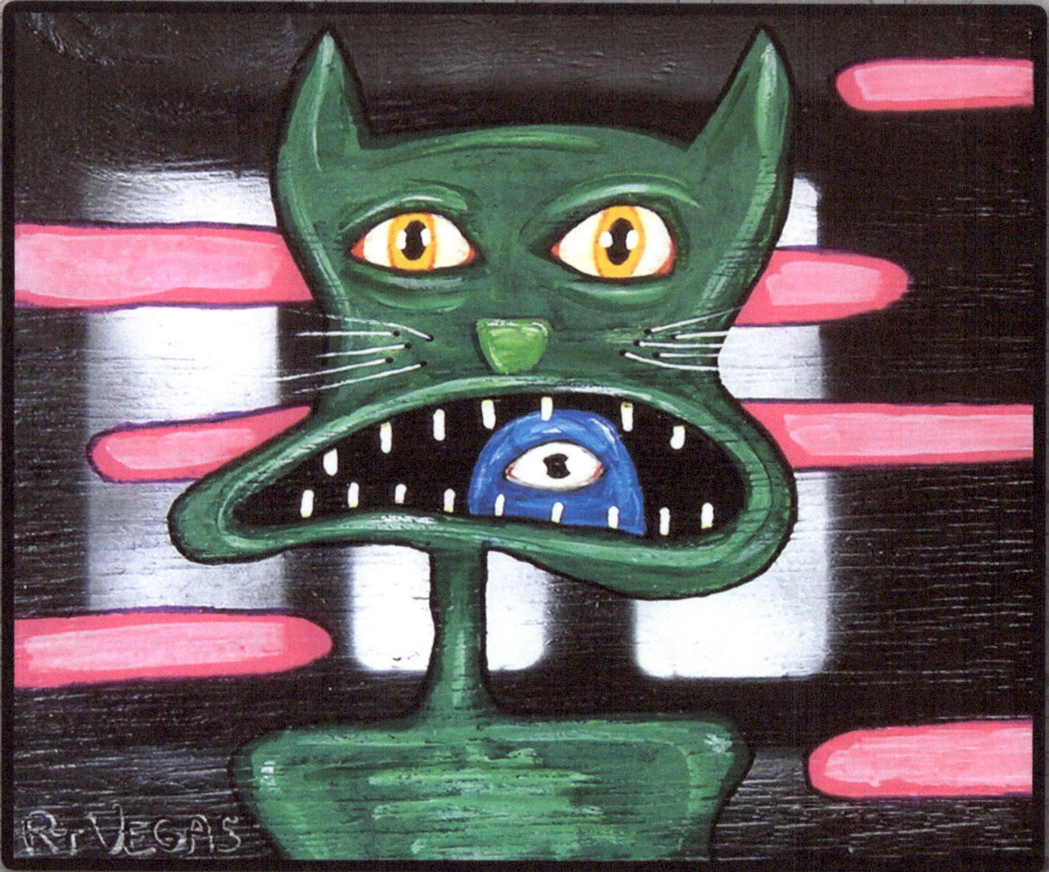
RtVEGAS

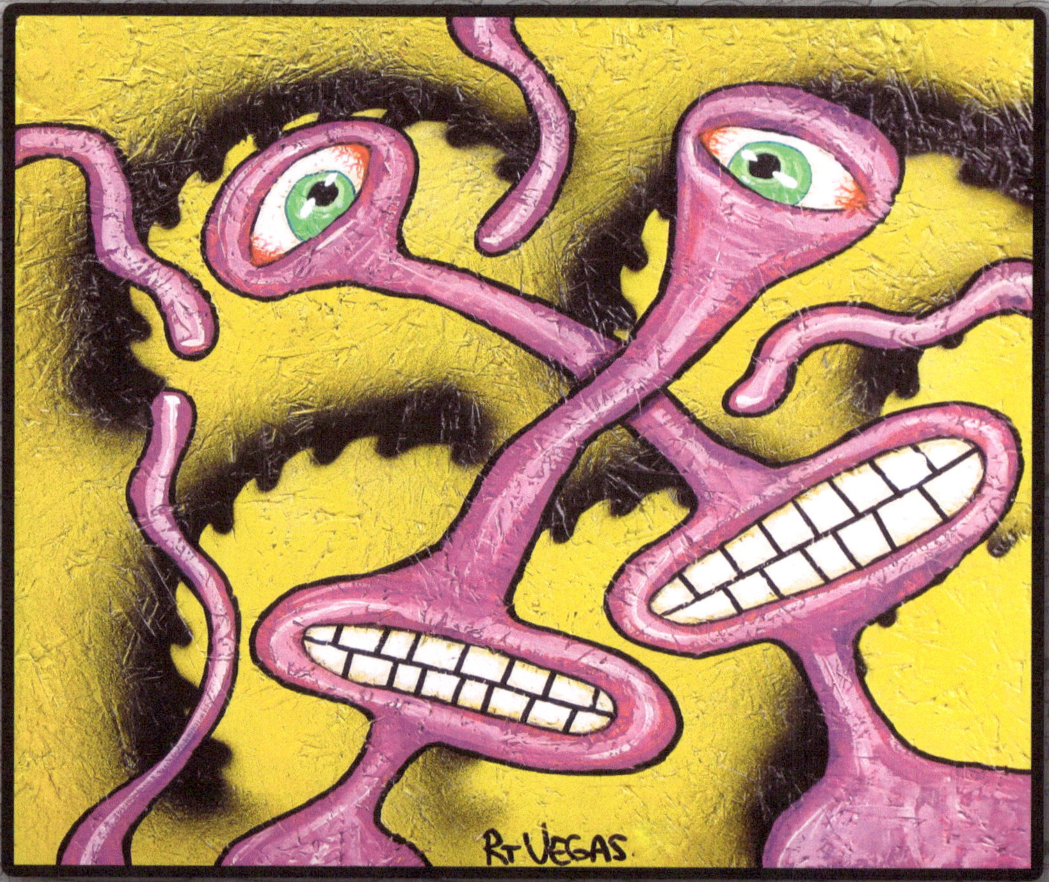
RtVEGAS

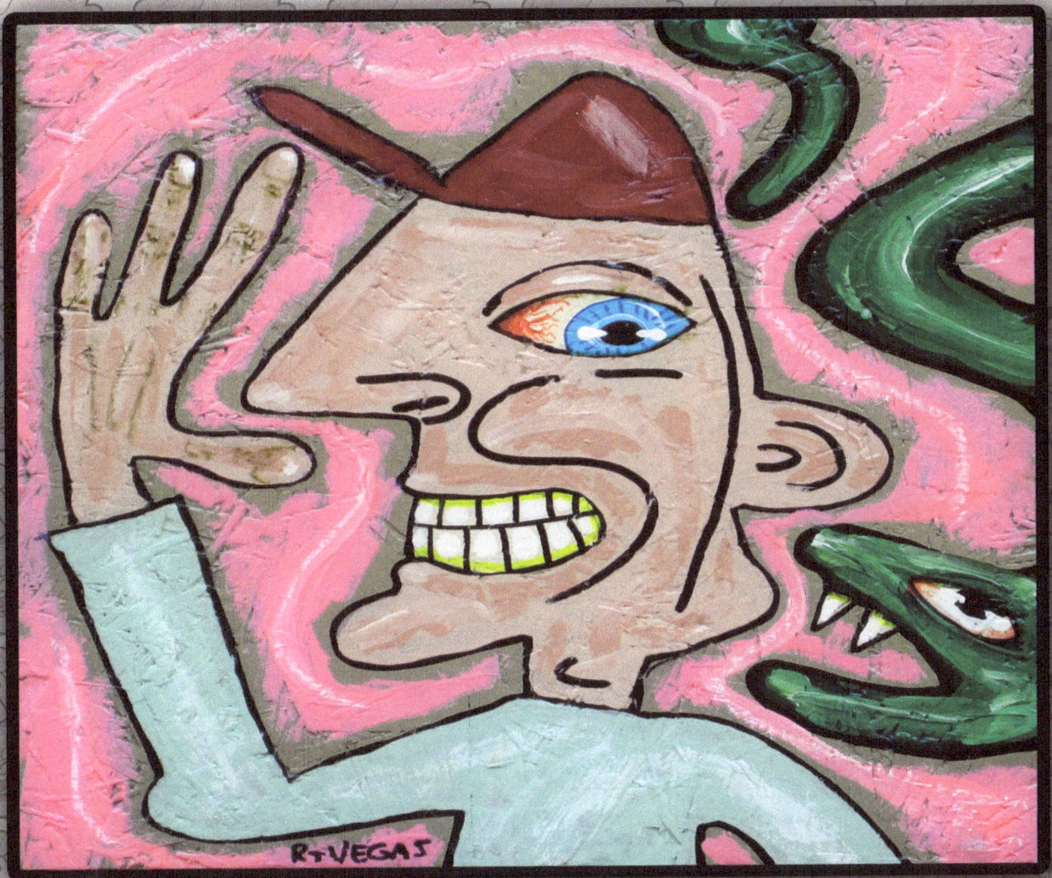
RT VEGAS

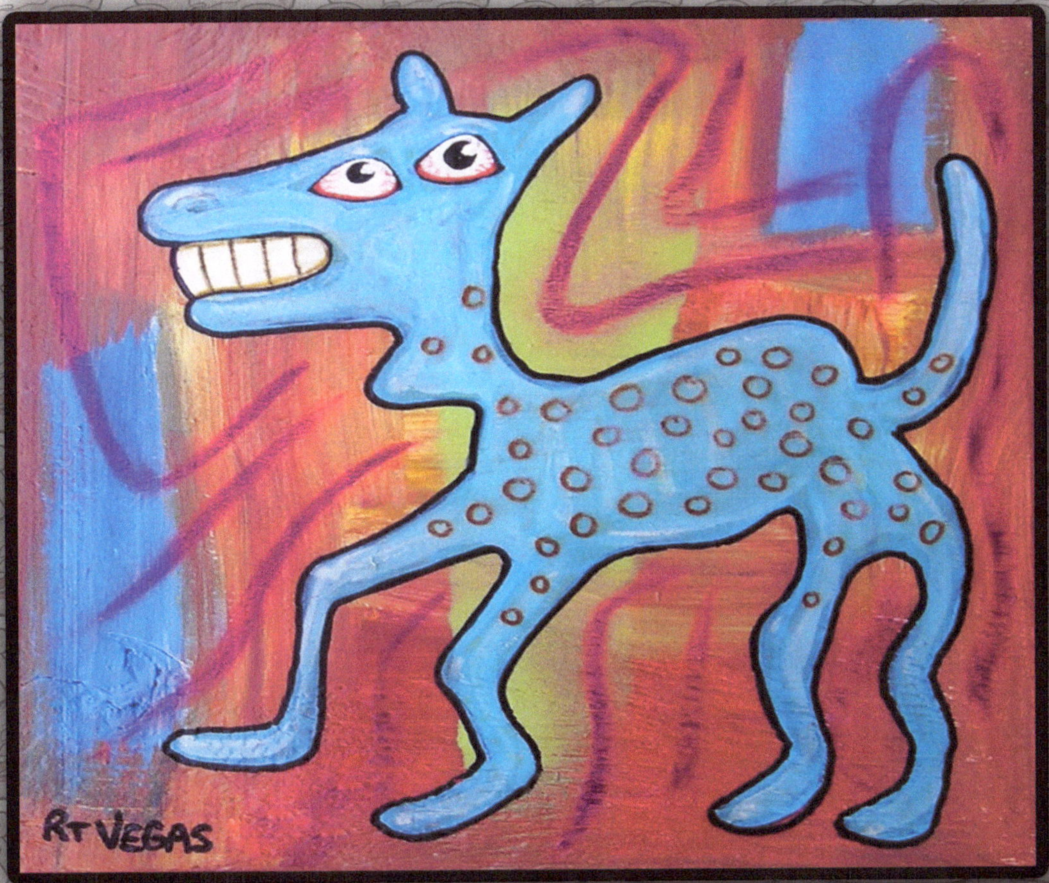
RT VEGAS

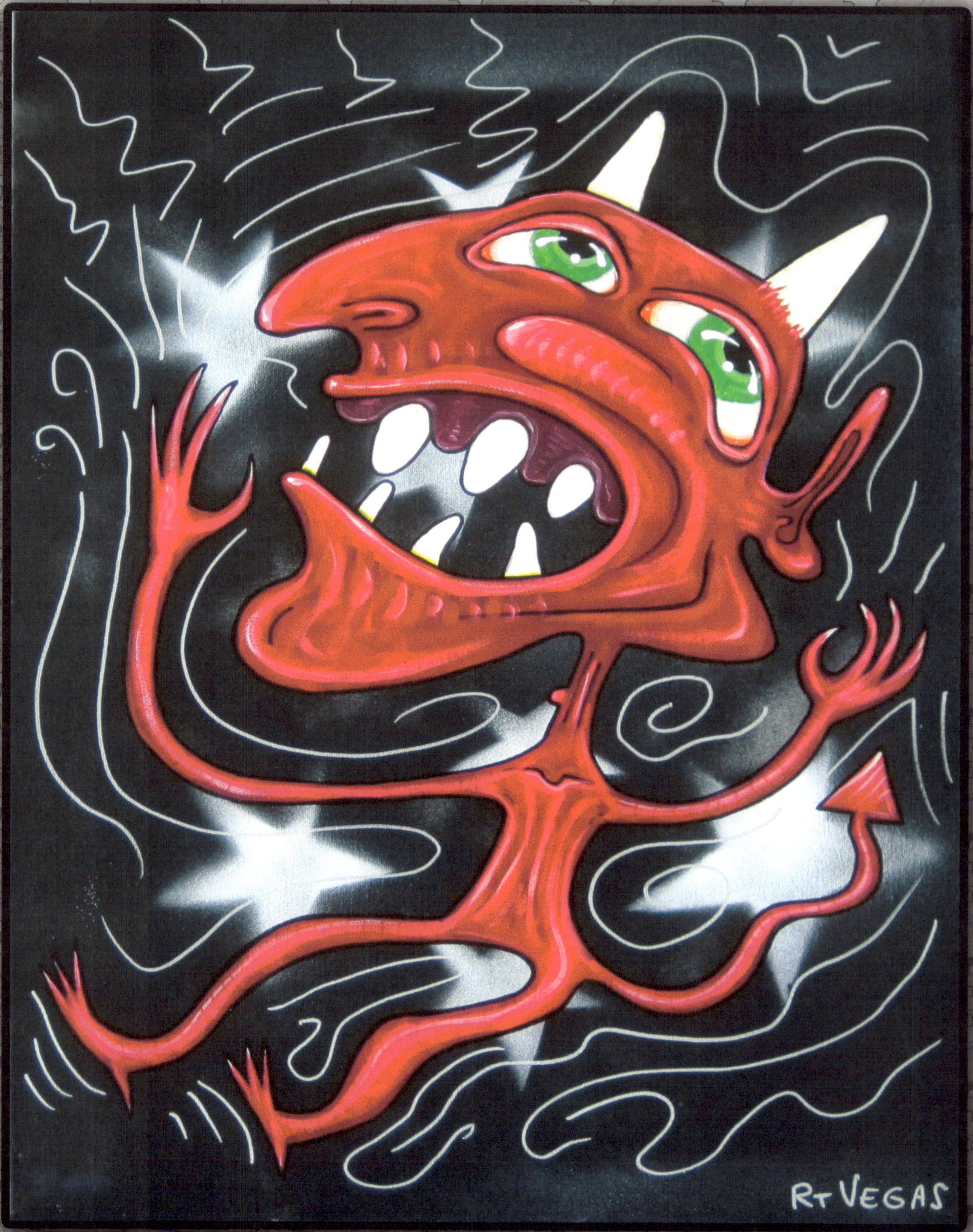
RT VEGAS

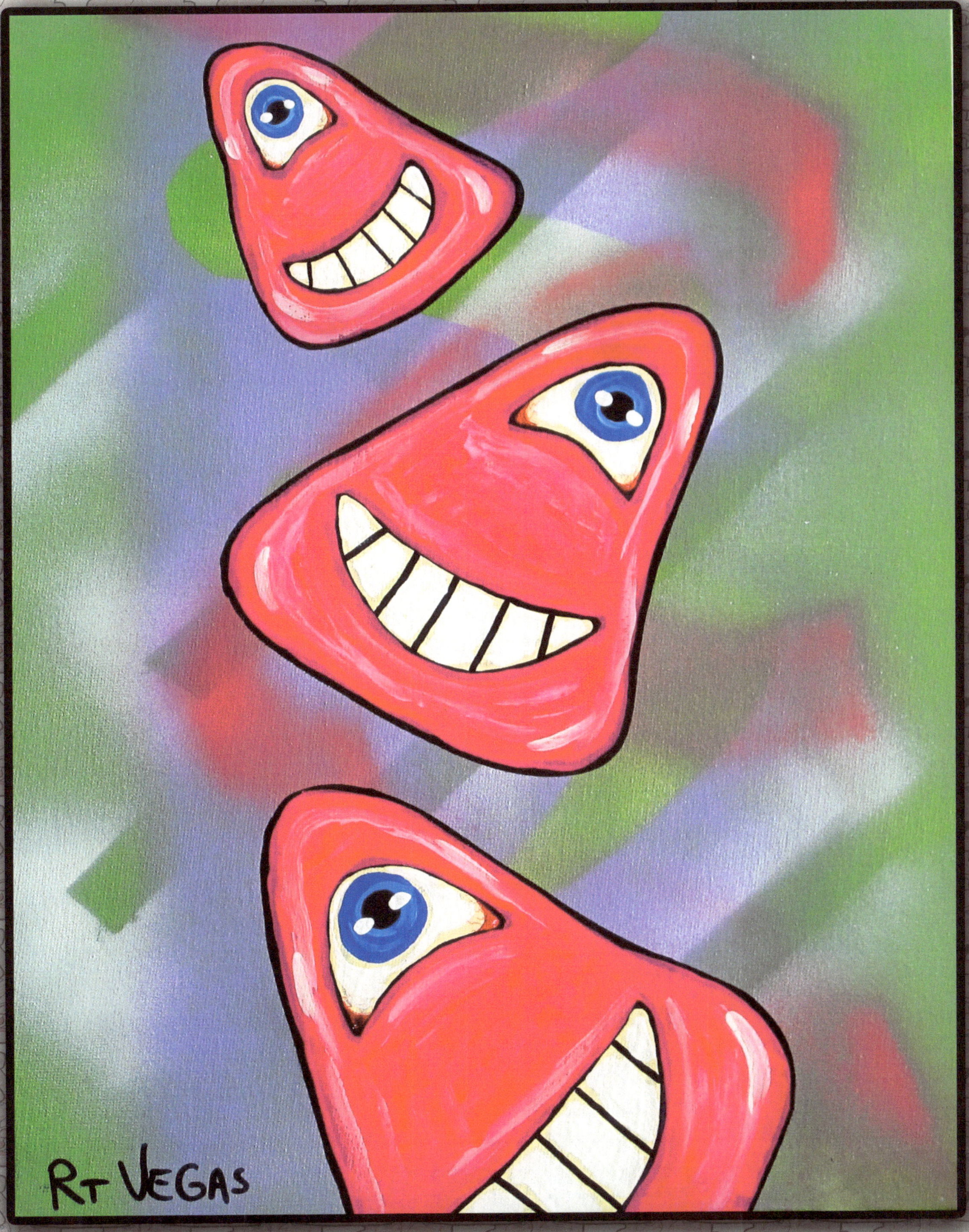
RT VEGAS

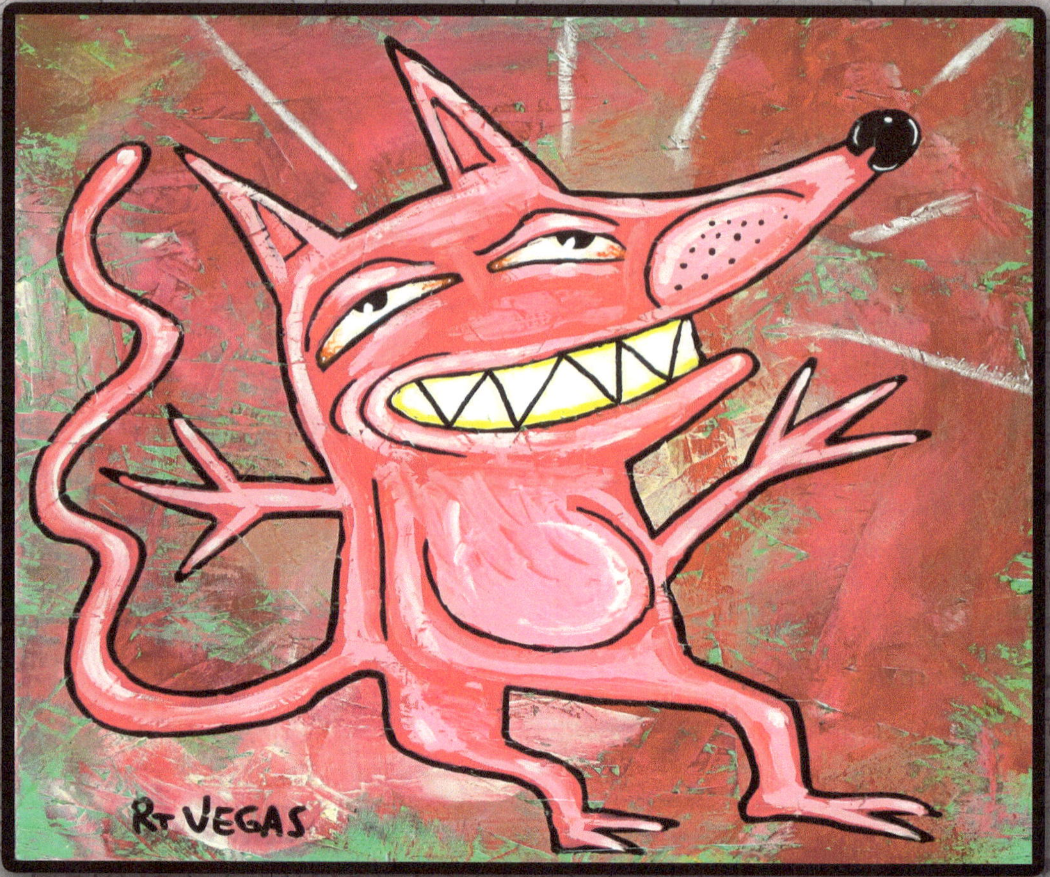
Rt VEGAS

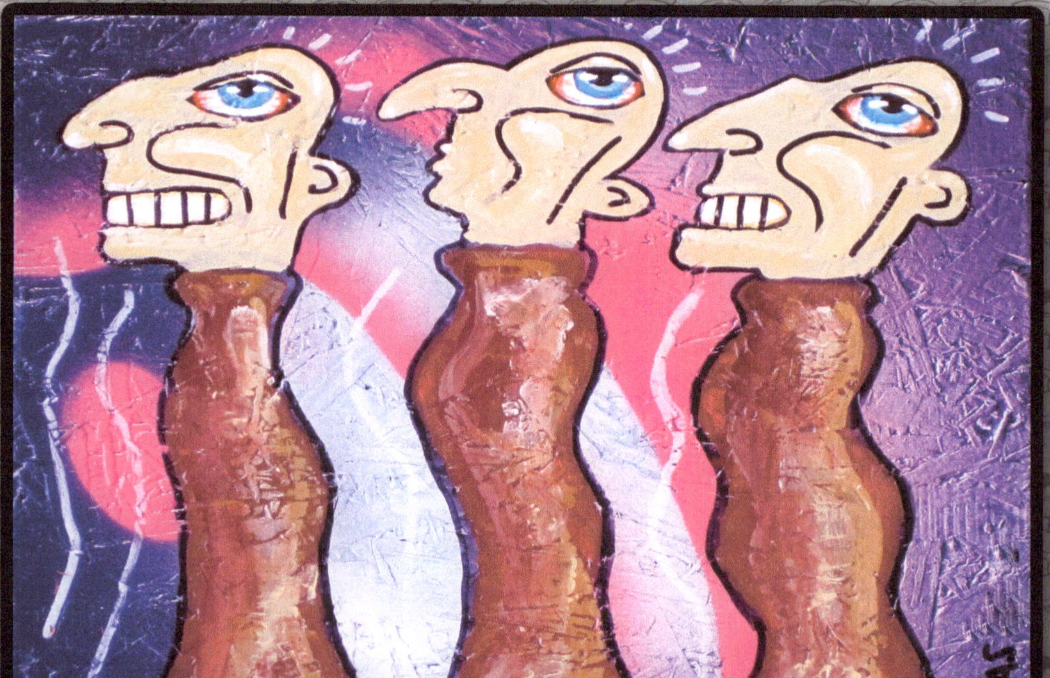
Rt VEGAS

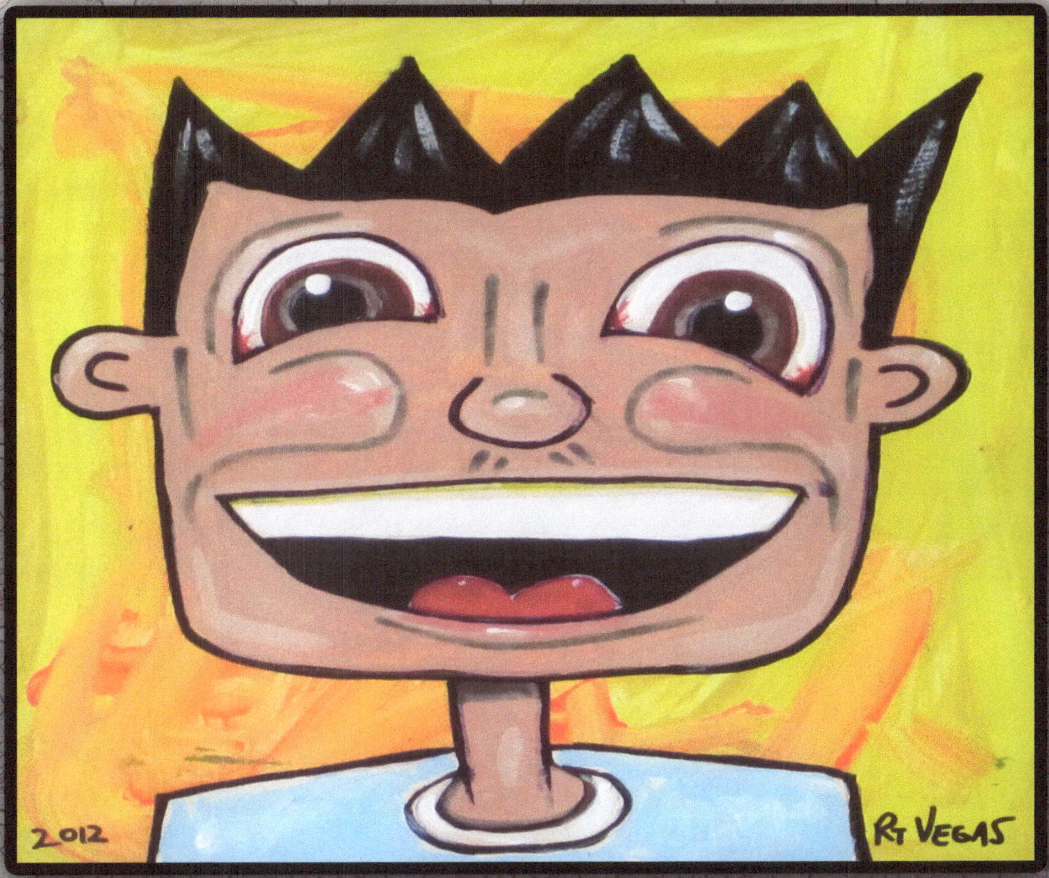
2012
RT VEGAS

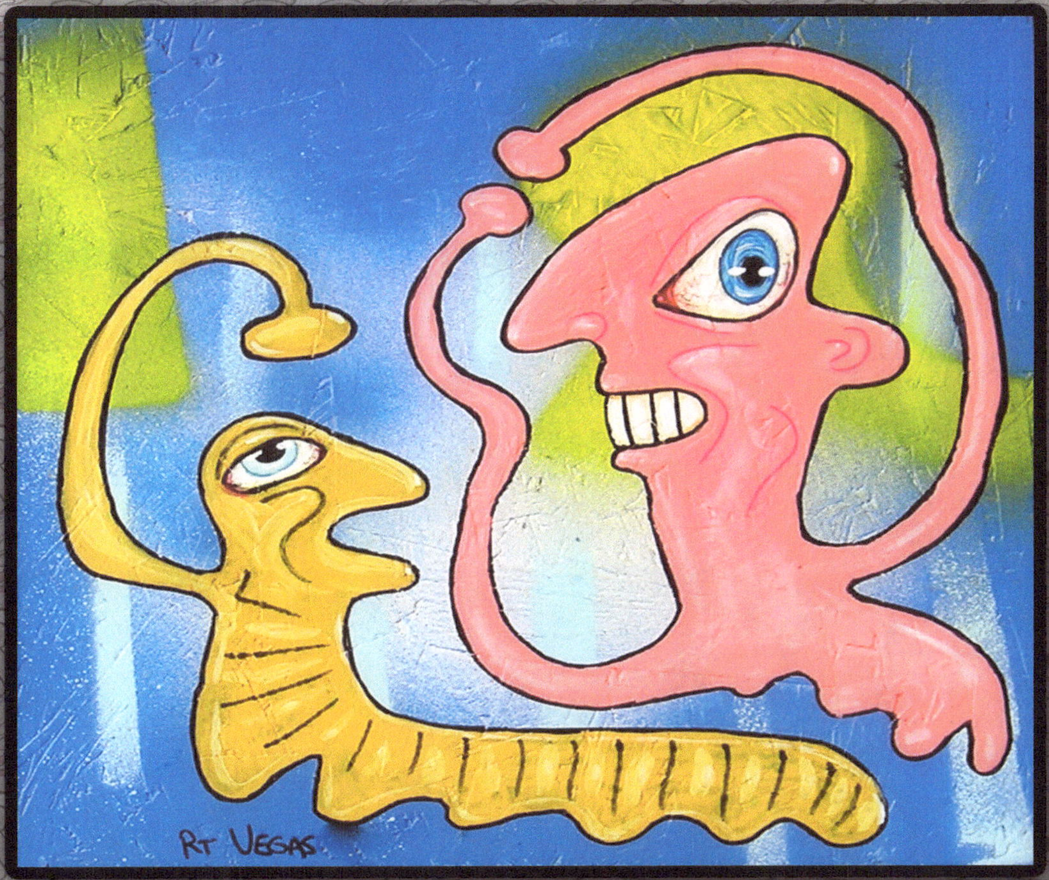
RT VEGAS

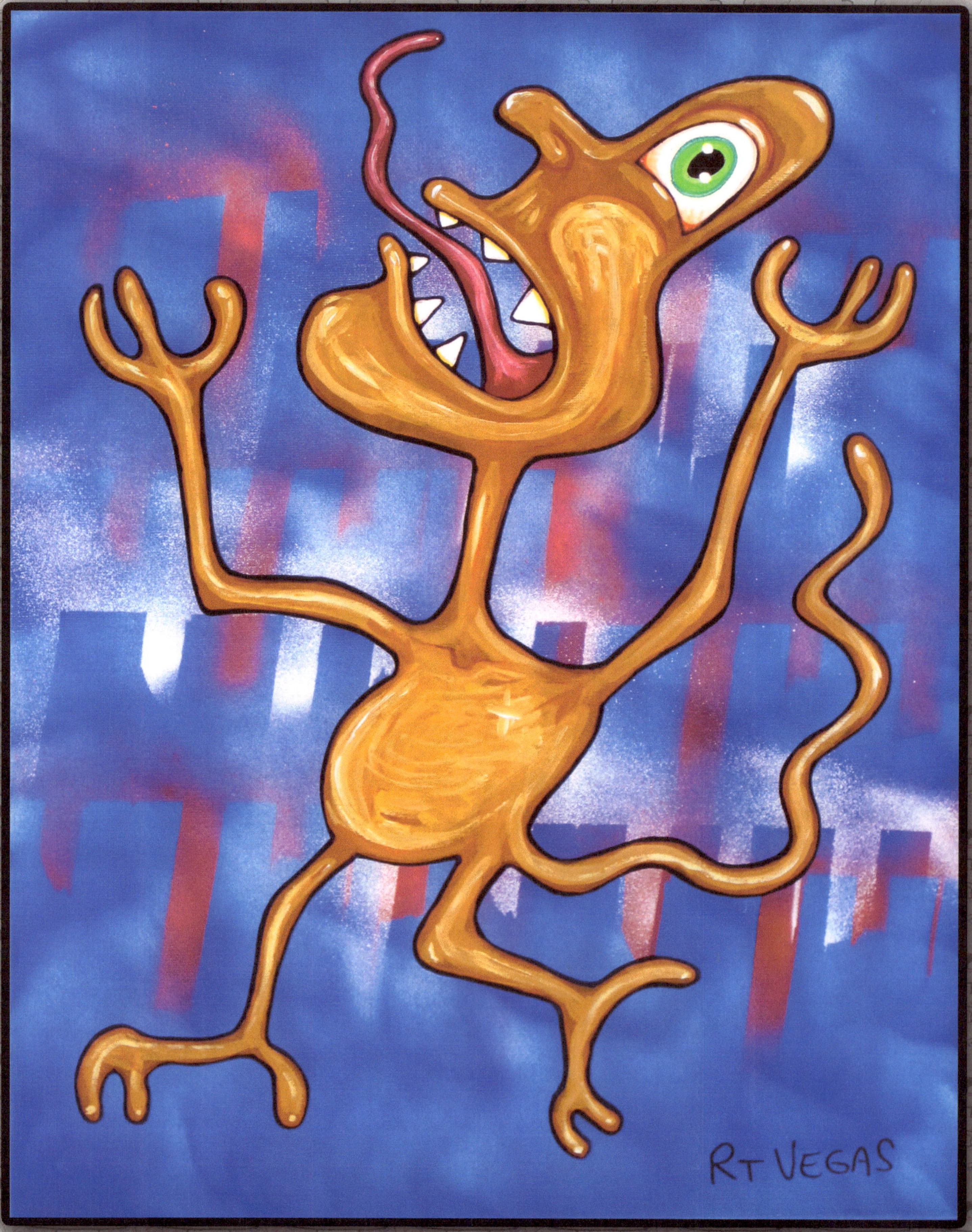
RT VEGAS

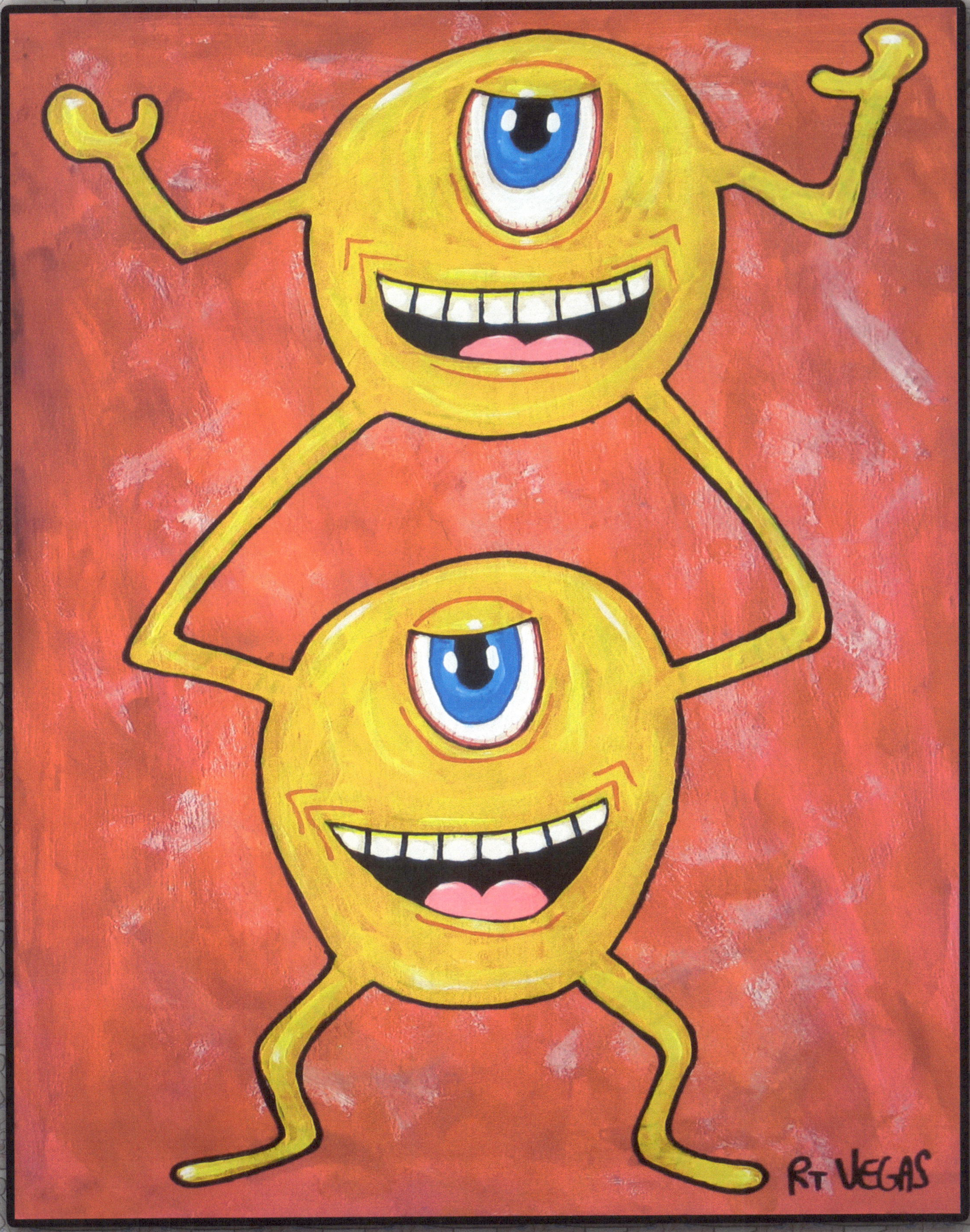
RT VEGAS

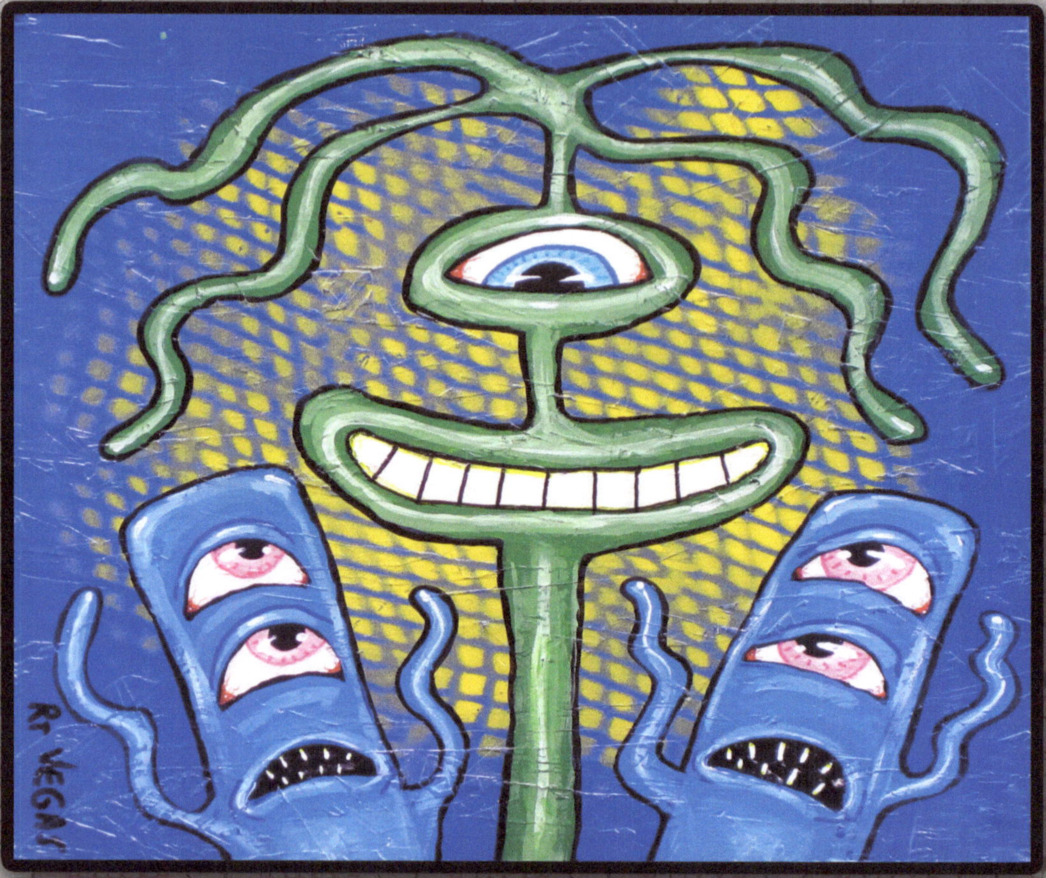
RT VEGAS

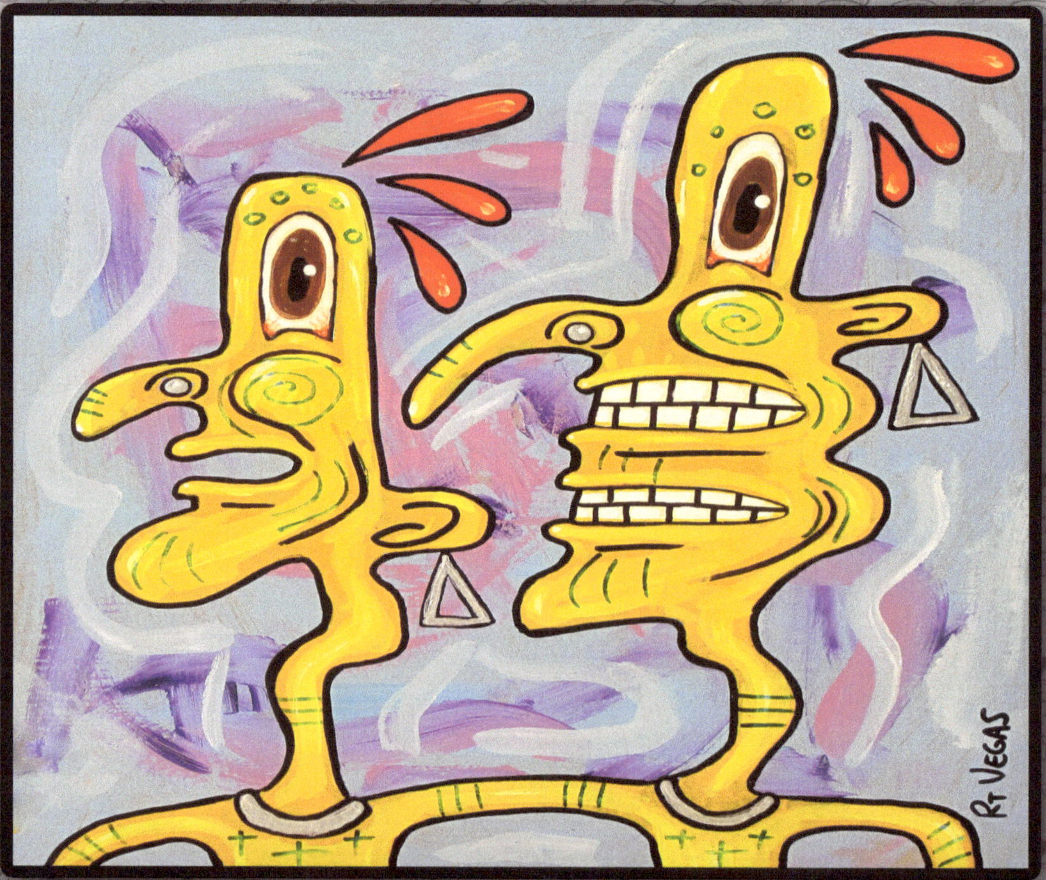
RT VEGAS

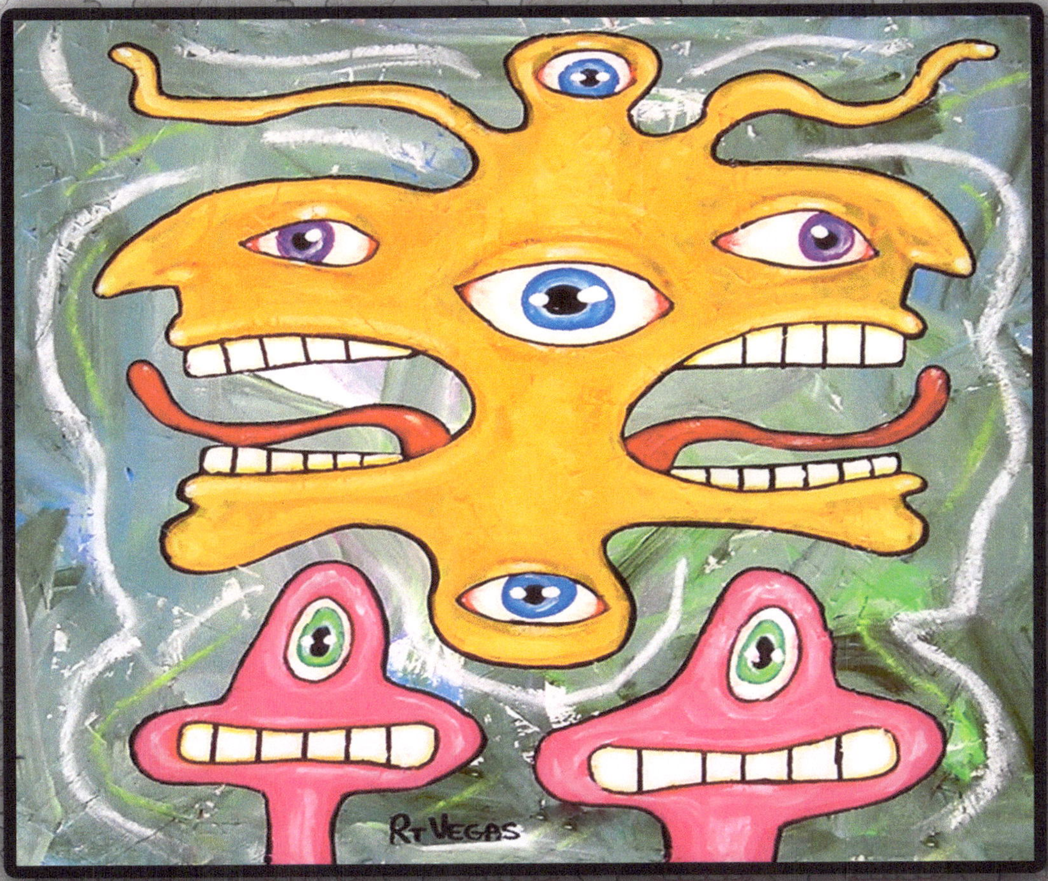
RT VEGAS

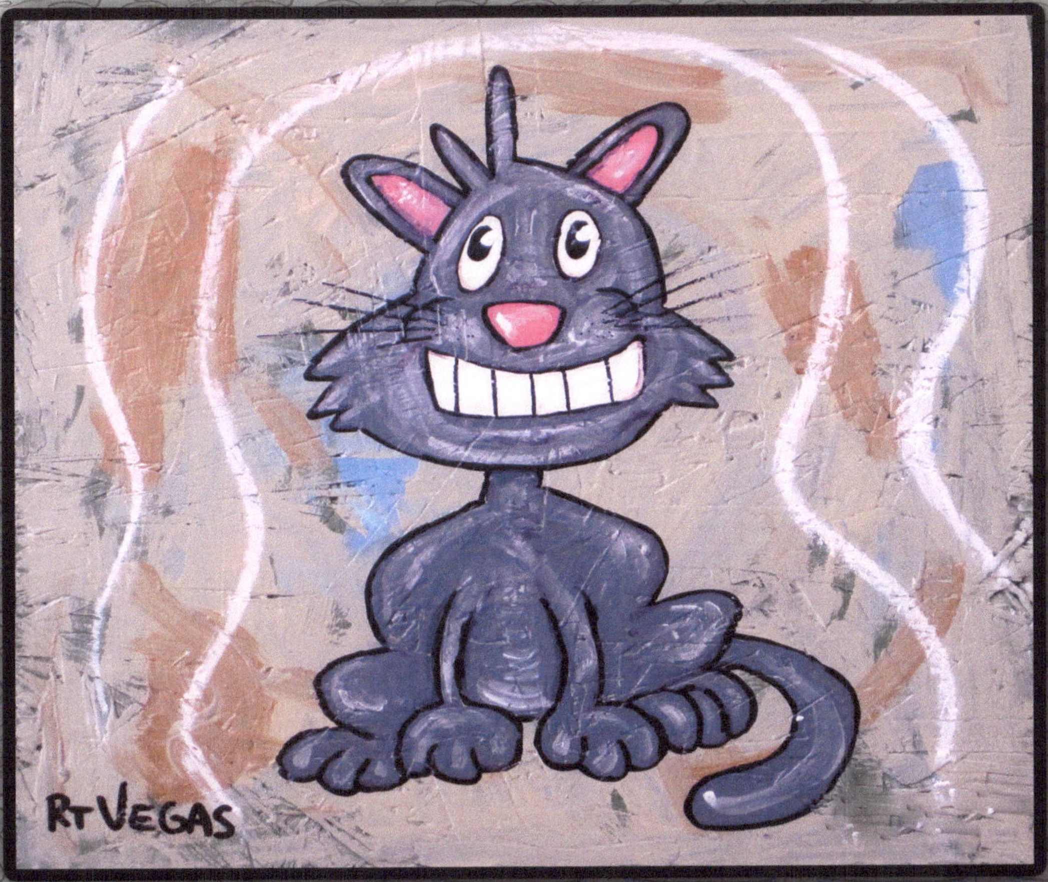
RT VEGAS

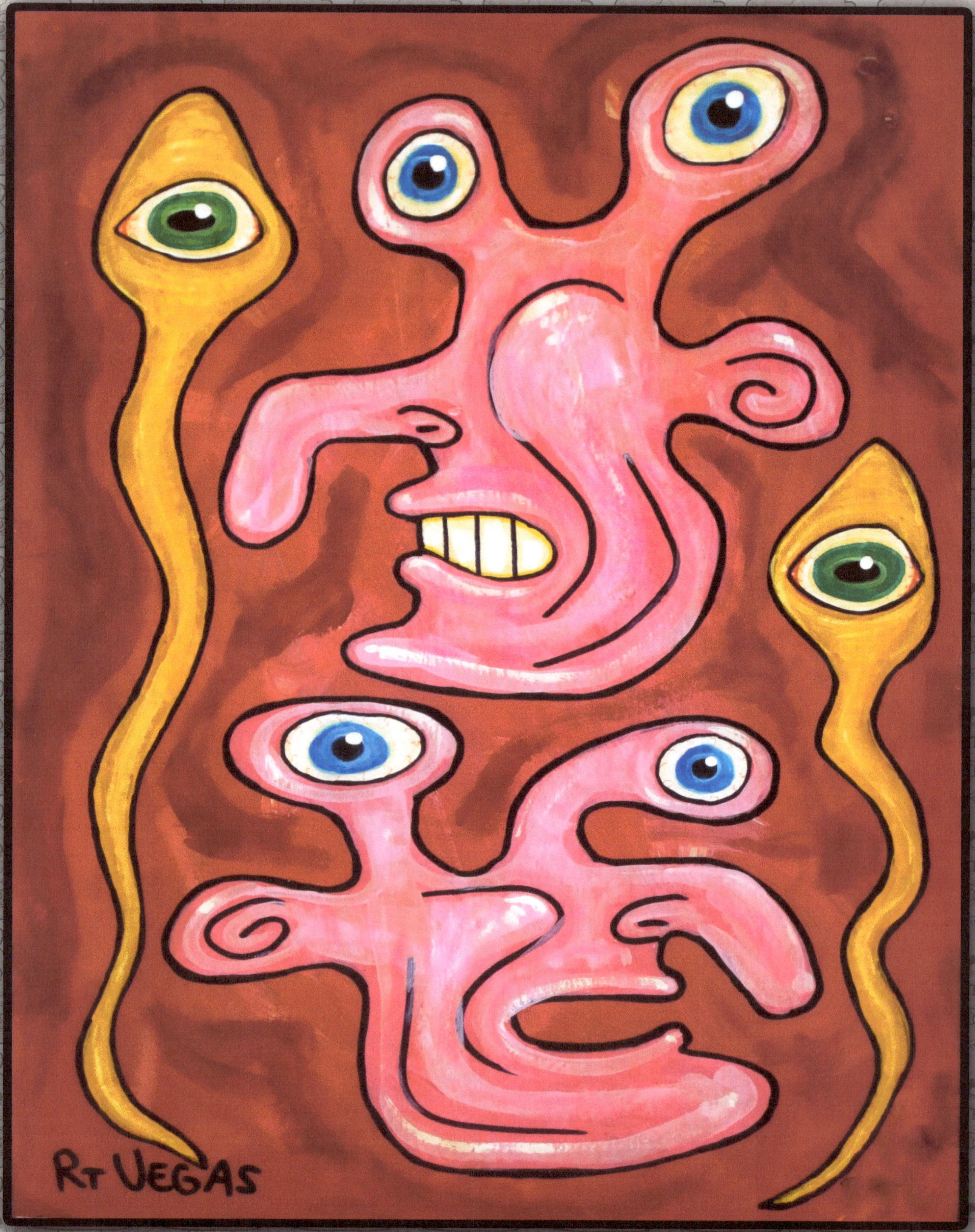
RT VEGAS

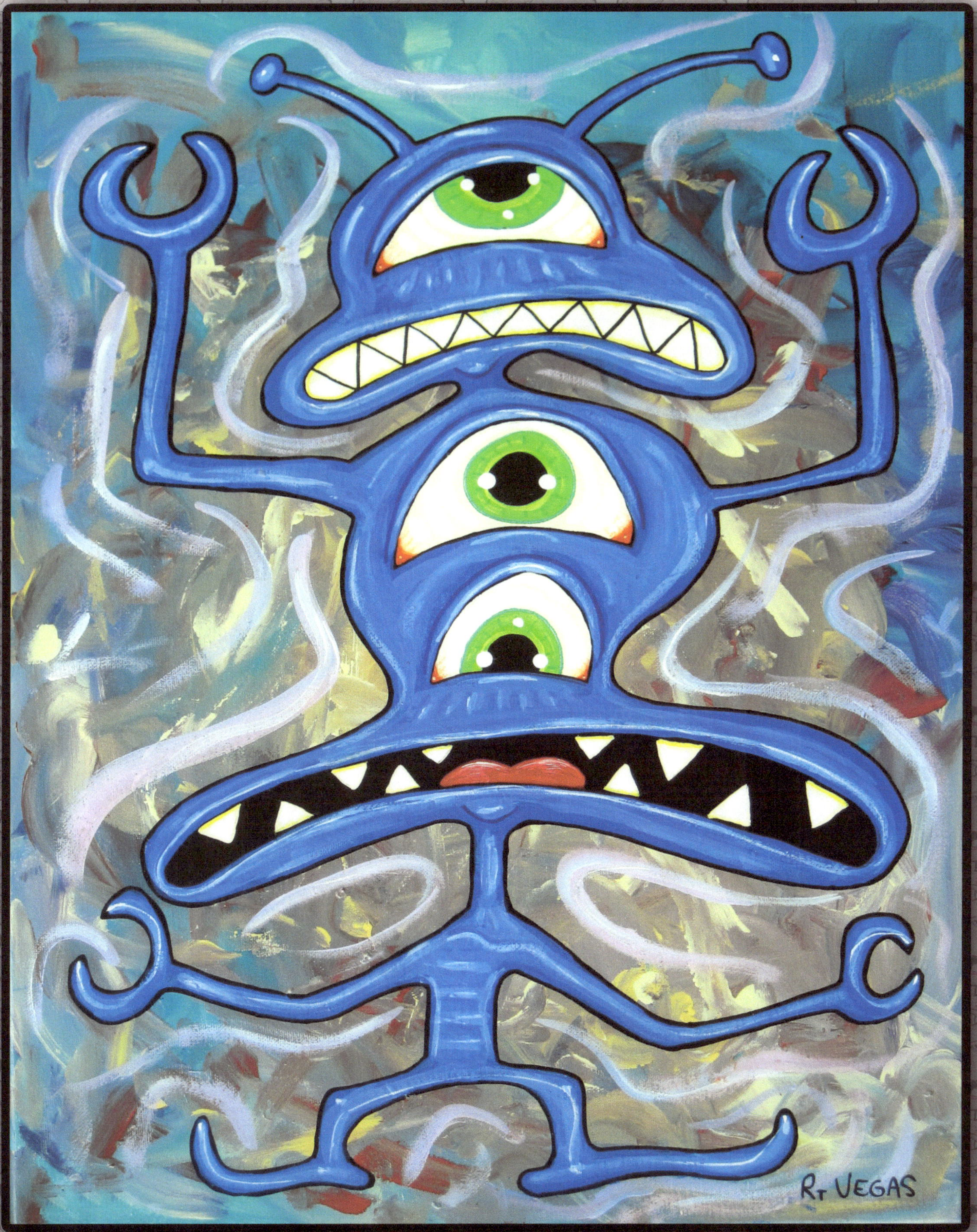
RT VEGAS

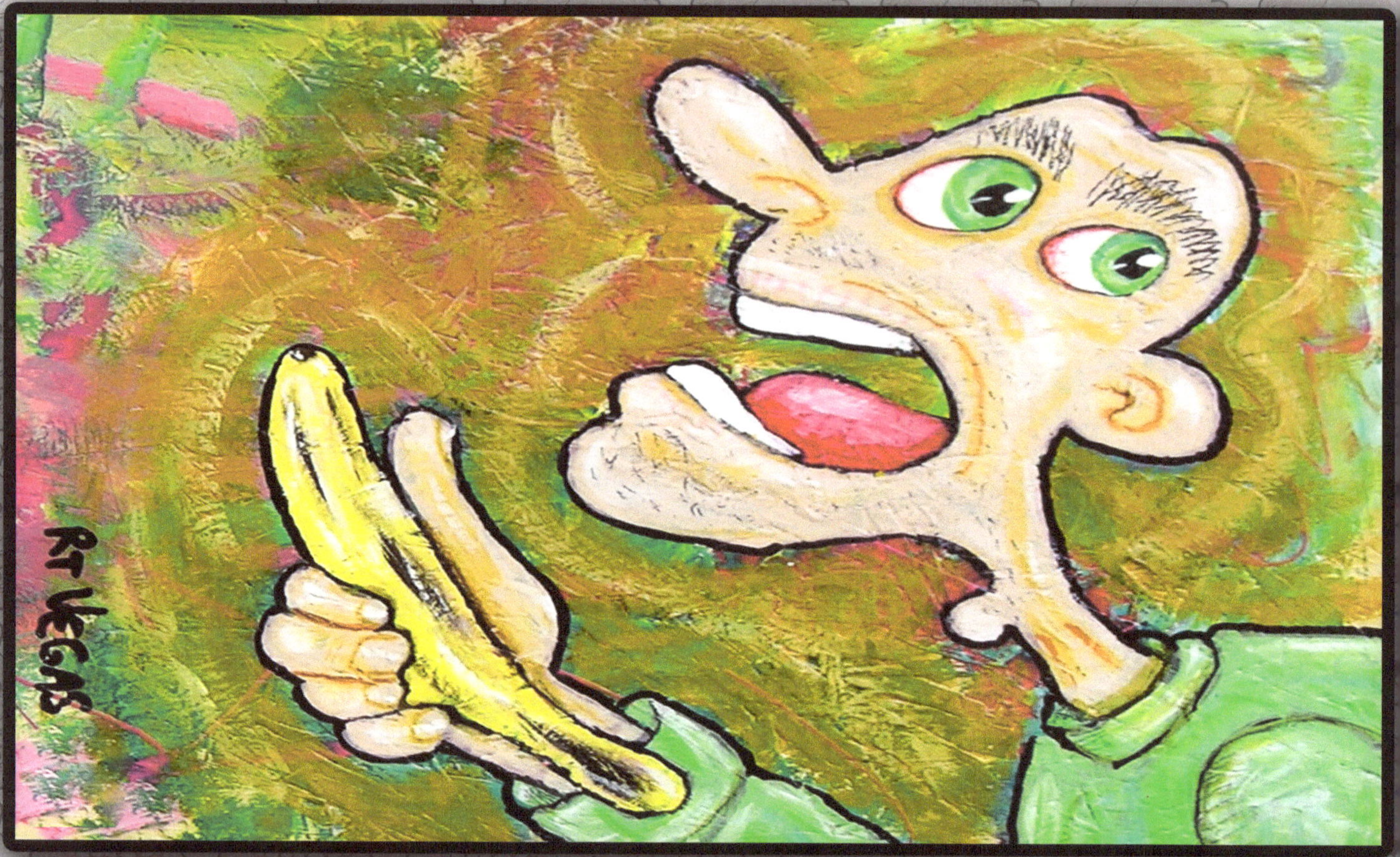
RT VEGAS

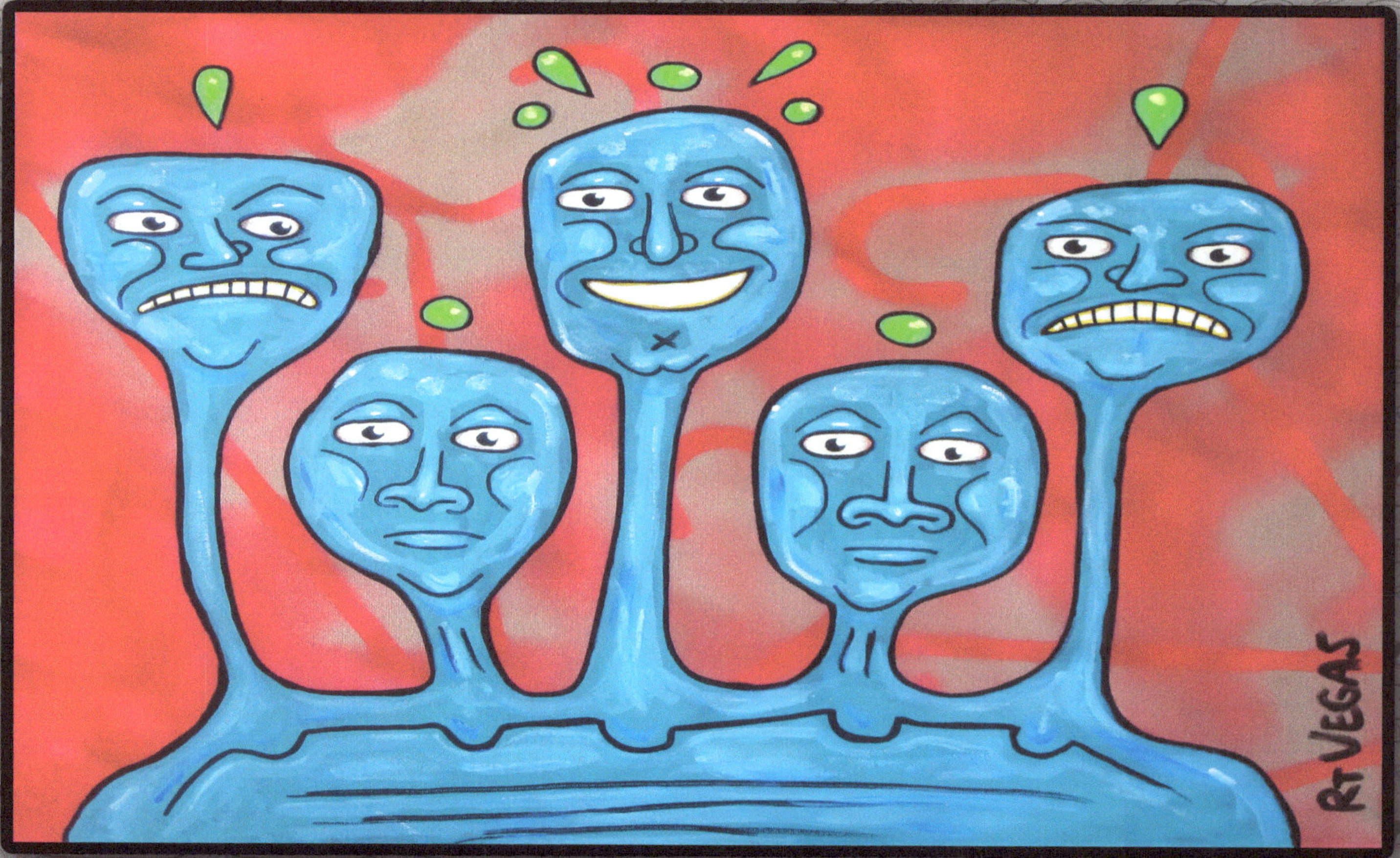
RT VEGAS

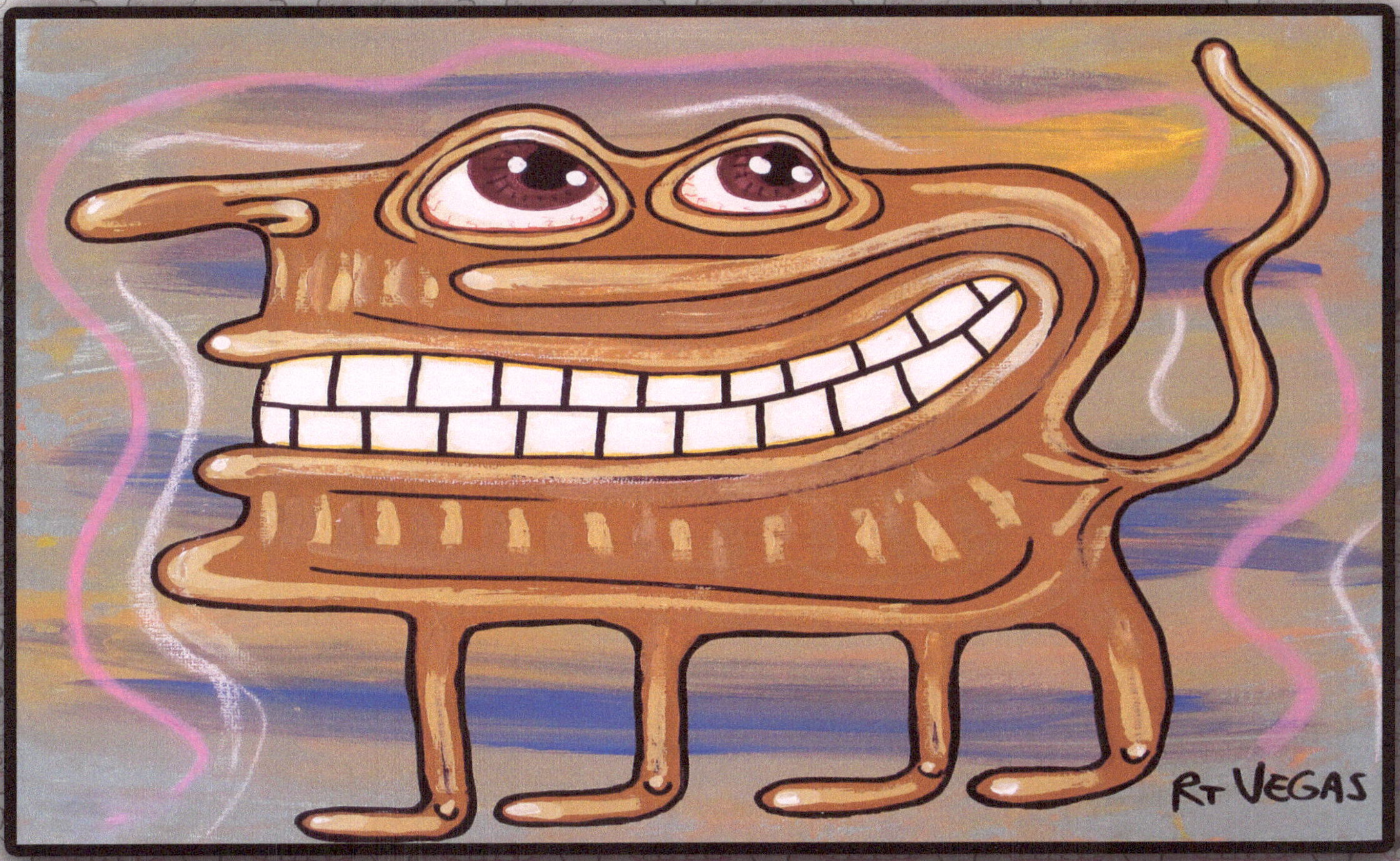
RT VEGAS

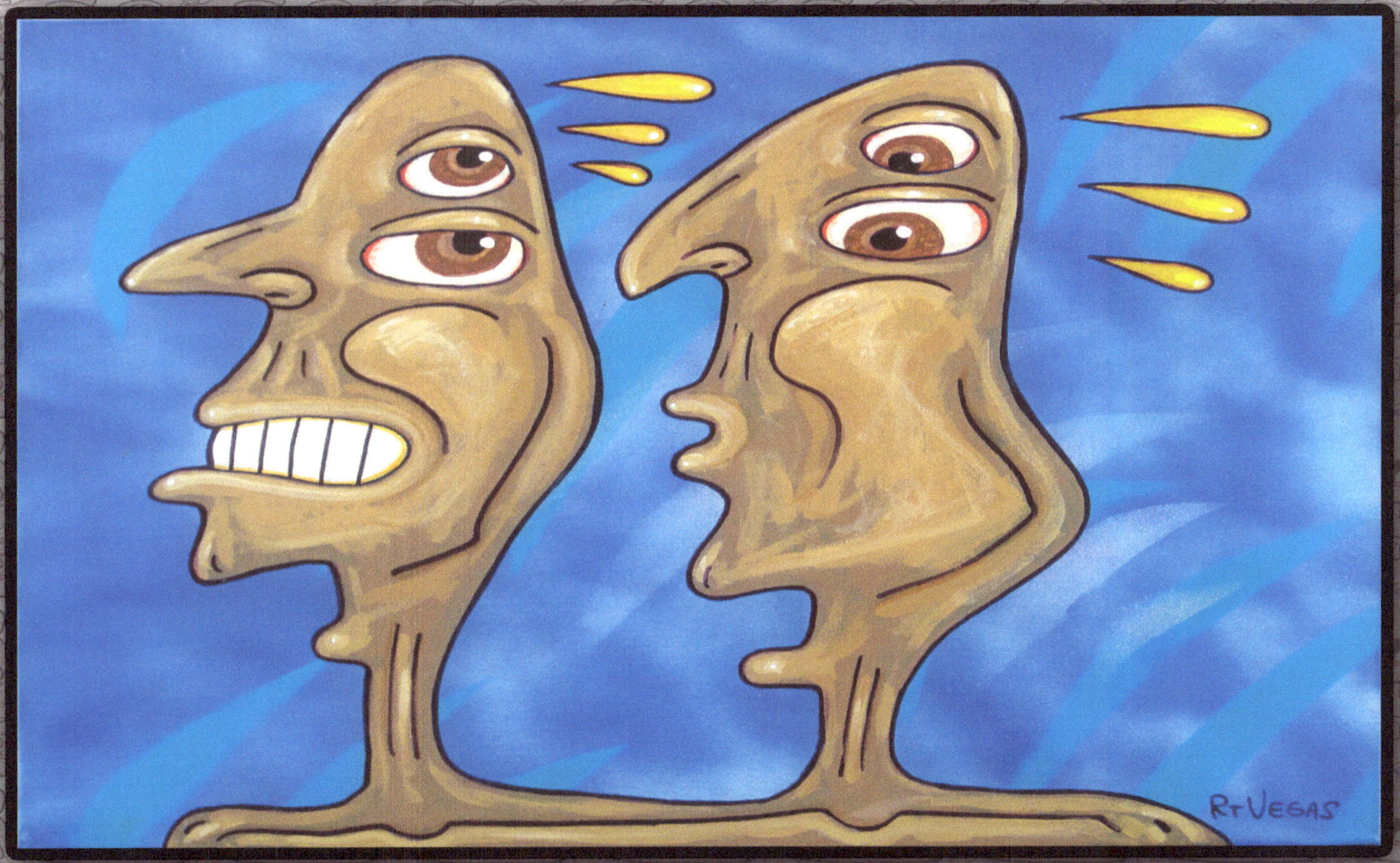
RT VEGAS

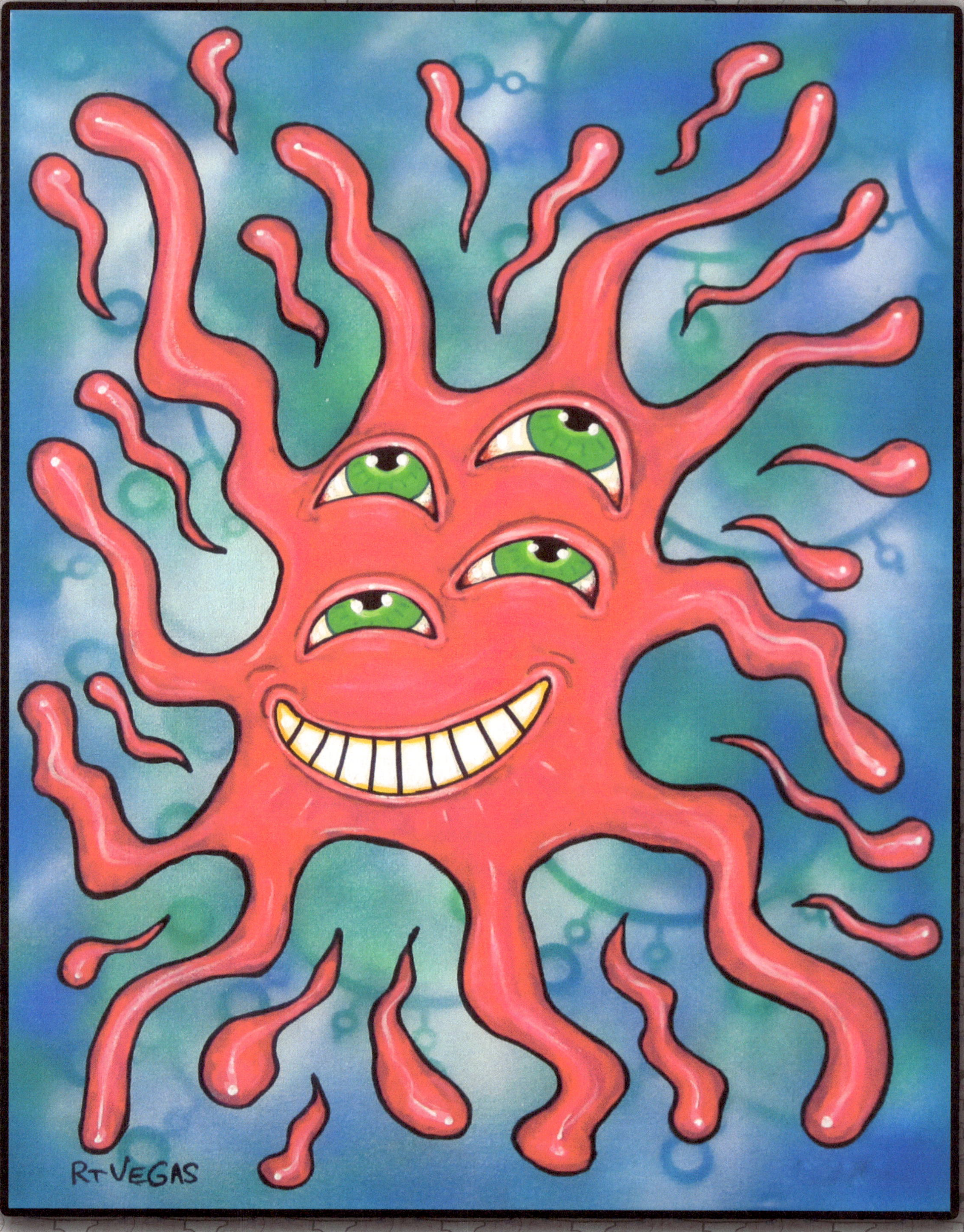
RT VEGAS

www.ingramcontent.com/pod-product-compliance
Lightning Source LLC
Chambersburg PA
CBHW050754180526
45159CB00003B/1453
9781492349044